AF563598

IL Y A SEIZE ANS

DRAME EN TROIS ACTES

PAR

VICTOR DUCANGE

REPRÉSENTÉ POUR LA PREMIÈRE FOIS, A PARIS, SUR LE THÉATRE DE LA GAÎTÉ, LE 20 JUIN 1831.

DISTRIBUTION DE LA PIÈCE.

LE COMTE DE CLAIRVILLE (60 ans)	M.	JULIEN.
AMÉLIE, sa fille (32 ans)	Mlles	VERNEUIL.
FÉLIX (16 ans)		É. SAUVAGE.
LE BARON DE SAINT-VAL (40 ans)	MM.	ADRIEN.
GÉROME, ancien cultivateur (65 ans)		MARTY.
LE MAIRE du village de Pré-Saint-Pol		JOSEPH.
LE CURÉ du même village		DUMÉNIS.
THOMAS, fermier		SALLERIN.
MADAME THOMAS, sa femme	Mme	LEMÉNIL.
CRISTOPHE, vieil hussard attaché à Saint-Val	M.	PARENT.
JOSÈPHINE, première femme de chambre d'Amélie (39 ans)	Mme	CHÉZA.
CHAMBORD, chef d'une bande d'incendiaires	MM.	THÉOLORE.
LOUFY, gueux mendiant		LEMÉNIL.
ROUGET, jeune vagabond		RAYMOND.
BORAH, vieille mendiante	Mlles	DUMÉNIS.
PIERRETTE (8 à 10 ans)		ÉLISABETH.
UN NOTAIRE	MM.	FONTAINE.
UN BRIGADIER		MONNET.
PIERRE GOT, garçon de charrue		D'HARCOURT.
GERMAIN, domestique du comte		DUPUIS.

DAMES, MESSIEURS, VILLAGEOIS ET VILLAGEOISES, NOTABLES, DOMESTIQUES, GENDARMES, etc.

La scène se passe en France, à quatre-vingts lieues de Paris, dans le mois de juin de l'année 1830, six semaines avant la révolution de juillet.

ACTE PREMIER.

Le théâtre représente un joli boudoir élégamment meublé. — Trois portes. — A gauche, un sopha; à droite, une toilette, un petit meuble de dame pouvant servir de bureau, fauteuils, etc. — Neuf heures du matin.

SCÈNE PREMIÈRE.

AMÉLIE, JOSÉPHINE.

(Au lever du rideau, Amélie est à sa toilette; Joséphine achève d'attacher sa ceinture, d'arranger ses cheveux, de lui mettre quelques bijoux.)

JOSÉPHINE. Je gagnerai donc mon procès, Mademoiselle!.. Oh! il n'y a plus à s'en dédire, le futur arrive aujourd'hui, ce soir on signe le contrat, et demain... Ah! demain, ma chère, ma bonne maîtresse! c'est le grand jour!.. J'en suis folle de joie!.. Vous avez eu beau dire, malgré toutes vos promesses, vos serments même, car vous en avez fait, vous passerez par là, Mademoiselle; nous vous verrons mariée!

AMÉLIE, avec un soupir. Oui, Joséphine, oui, je me marierai.

JOSÉPHINE. Si vous saviez, Mademoiselle, qu'elle fête c'est dans toute la maison!

AMÉLIE. On voit donc ce mariage avec plaisir, ma bonne Joséphine?

JOSÉPHINE. Je le crois bien! il faut convenir que vous avez perdu bien du temps! et si vous n'étiez pas aussi jolie femme!.. Attendre jusqu'à trente ans!

AMÉLIE, avec un peu de regret. Trente-deux, Joséphine.

JOSÉPHINE. Chut! on ne le dirait pas! c'est imprudent!

Grâce au ciel, enfin, nous ne resterons pas demoiselle... Ah! vous avez beau dire, même avec votre naissance, votre titre, votre fortune, ce nom-là n'est joli que jusqu'à vingt ans; au lieu que madame, madame la baronne, cela sonne autrement!

AMÉLIE. Joséphine!

JOSÉPHINE. Excusez-moi, Mademoiselle, je suis si heureuse de votre bonheur!

AMÉLIE. Mon bonheur, dites-vous? Hélas! ma chère Joséphine, je ne l'attends pas de mon mariage.

JOSÉPHINE. Comment, Mademoiselle, aurait-on à cet égard violenté votre cœur?

AMÉLIE. Non, Joséphine; à mon âge on est depuis longtemps maîtresse de ses actions, et même, avant, jamais mon père n'eût contrarié mes sentiments; et cependant, Joséphine, ma volonté n'est pas libre; ce que je fais aujourd'hui n'est pas du choix de mon cœur, je cède à un plus grand devoir que celui de l'obéissance.

JOSÉPHINE. Un devoir dans votre position heureuse et brillante, Mademoiselle?.. Fille unique et riche... je ne l'aurais jamais pensé : il était si naturel de croire que l'amour...

AMÉLIE, l'arrêtant avec douceur et gravité. Non, Joséphine.

JOSÉPHINE. On dit pourtant que monsieur le baron de Saint-Val est un homme charmant.

AMÉLIE. Cela est vrai; il possède les plus nobles qualités, et il mériterait de trouver un cœur qui pût l'aimer autant qu'il en est digne.

JOSÉPHINE. Alors je suis encore bien plus étonnée; car s'il est aussi parfait et de son cœur et de sa personne, il me semble que Mademoiselle pourrait l'aimer, à moins qu'un souvenir... (Amélie baisse les yeux d'un air pensif.) ne lui fît tort, ou qu'un sentiment peut-être moins éloigné... (En parlant, Joséphine gagne vers la droite. Tout à coup la porte du boudoir s'ouvre brusquement, et Félix, tenant une rose sur laquelle est attaché un papillon, va pour s'élancer en criant : Ma bonne amie! mais un mouvement de surprise d'Amélie et de Joséphine le retient sur le seuil.)

SCÈNE II.

LES MÊMES, FÉLIX.

(Amélie est assise. Félix est en costume léger du matin, un peu en désordre et l'air écolier.)

AMÉLIE. Félix!

JOSÉPHINE. Restez là!... Voyez ce petit indiscret, accourir comme un fou quand Mademoiselle s'habille!... On n'entre pas, Monsieur.

AMÉLIE, avec douceur. Pourquoi? que dites-vous à cet enfant? laissez-le venir.

JOSÉPHINE. Non! vous êtes trop bonne pour lui, Mademoiselle; ce jeune homme finira par abuser de votre indulgence. (Allant le prendre par la main.) Voyez comme il est fait! est-il permis de se présenter ainsi devant sa bienfaitrice, devant une personne à qui l'on doit du respect?

AMÉLIE. Paix donc! (Elle regarde Félix, qui ose à peine lever les yeux, et lui fait signe en souriant d'approcher.) Venez.

FÉLIX, joyeux. On me le permet. (Courant à elle.) Ma bonne amie, voyez, voyez le beau papillon que je viens d'attraper! j'ai couru deux heures après. Oh! je ne voulais pas le manquer; c'était pour vous, ma bonne amie, pour le mettre dans votre collection.

JOSÉPHINE. Mademoiselle n'a pas besoin de papillons, et vous feriez mieux d'étudier vos leçons et de préparer vos devoirs.

FÉLIX. Vous êtes méchante, vous me grondez toujours. Mon Dieu! si ma bonne amie veut des papillons; n'est-ce pas?

AMÉLIE, avec tendresse. Oui, Félix.

JOSÉPHINE. C'est cela! gâtez-le donc bien.

AMÉLIE. Mais mademoiselle Joséphine a raison; je vous ai défendu de courir ainsi au soleil; voyez comme il a chaud! Félix, je vous gronderai aussi. (Elle essuie son front avec son mouchoir, arrange le col de sa chemise, et le regarde avec la plus tendre affection.)

JOSÉPHINE, à part. Nous prenons bien de l'intérêt à ce petit orphelin; nous l'avons élevé... il est charmant... mais il grandit, et... bientôt ce ne sera plus un enfant.

AMÉLIE. Joséphine, donnez-moi des gants; vous en trouverez dans ma commode.

JOSÉPHINE, avec humeur. Oui, Mademoiselle. (A part.) Il faudra voir si le mari voudra... (Amélie lui fait un signe.) Oui, Mademoiselle. (Elle sort par la droite.)

SCÈNE III.

AMÉLIE, FÉLIX.

(Amélie est demeurée assise, et tient toujours la main de Félix, debout devant elle; après l'avoir un instant regardé en silence, elle cède à son émotion et l'embrasse en s'écriant :)

AMÉLIE. Pauvre enfant!

FÉLIX. Ciel! ma bonne amie, vous pleurez.

AMÉLIE. Tais-toi.

FÉLIX, à genoux sur le carreau qui est aux pieds d'Amélie. Mon Dieu mon Dieu! ma bonne amie, est-ce que je vous ai fâchée? ai je fait quelque chose de mal?

AMÉLIE, très-émue. Non, non, Félix, non! ton cœur est cel d'un ange; ni toi, ni moi, Dieu le sait, nous n'avons rien fa de mal... et pourtant je suis bien malheureuse!

FÉLIX. Malheureuse!... ma bonne amie, malheureuse! ah!..

AMÉLIE, revenant à elle; et relevant Félix en se levant elle-même. Taisez-vous. Félix! j'ai eu tort, je me suis trompée... essuyez vos yeux : faites comme moi, je vous défends de pleurer.

FÉLIX. Vous le défendez; on ne le verra pas. (Il essuie ses yeux du revers de sa main.) Ai-je encore des larmes! (Joséphine rentre dans ce moment avec une paire de gants, voit ce qui se passe et fait un mouvement de surprise.)

SCÈNE IV.

LES PRÉCÉDENTS, JOSÉPHINE.

(Joséphine est demeurée un peu en arrière, regardant avec mécontentement. Aussitôt qu'Amélie a vu Joséphine, elle a fait un léger mouvement en arrière, comme surprise, et continue à arranger les cheveux de Félix sur son front, en affectant du calme.)

JOSÉPHINE, sèchement, jetant les gants sur la table. Voilà des gants, Mademoiselle.

AMÉLIE. Je vous remercie. Félix, il viendra aujourd'hui beaucoup de monde au château.

FÉLIX. Je m'habillerai?

AMÉLIE. Non... Mais ne sortez pas, ne vous éloignez pas; je veux vous revoir et vous parler ce matin... Restez dans votre chambre... (Retenant avec peine un soupir.) Je vous ferai appeler.

FÉLIX. Je n'en bougerai pas, ma bonne amie. (Amélie fait involontairement un petit mouvement comme pour l'embrasser; mais elle se retient aussitôt, voyant le regard de Joséphine fixé sur elle; elle se borne à sourire à Félix qui lui baise la main; puis s'éloignant, elle prend sur la toilette la fleur et le papillon, jette encore un regard sur le jeune homme, et rentre chez elle.)

SCÈNE V.

JOSÉPHINE, FÉLIX.

FÉLIX. Elle a pris mon papillon... Vous voyez bien, Mademoiselle, que vous aviez tort de me gronder. Mais savez-vous pourquoi ma bonne amie paraît avoir du chagrin? Et vous aussi semblez avoir de l'humeur contre moi.

JOSÉPHINE. De l'humeur? non, monsieur Félix; quant au chagrin de Mademoiselle, si elle en a, je l'ignore; mais si j'étais à sa place, je ne vous permettrais point ces petites libertés qu'on pouvait souffrir d'un enfant, mais qui, maintenant que vous devenez un jeune homme, s'écartent trop du respect. Vous êtes orphelin; elle vous a recueilli dès votre tendre enfance, vous a fait élever, et elle vous protégera; mais son amitié ne doit pas vous faire oublier la distance... Par exemple, il ne convient plus que vous l'appeliez ma bonne amie.

FÉLIX. Ne plus l'appeler ainsi! et comment la nommerais-je?

JOSÉPHINE. Mademoiselle.

FÉLIX. Mademoiselle?.. comme vous, comme tout le mond oh! je ne le pourrais pas.

JOSÉPHINE. Il le faudra pourtant bien! Par exemple, vo imaginez-vous, quand vous aurez vingt ans, que vous l'app lerez encore ma bonne amie? que vous la suivrez toute l journée comme vous faites? qu'on ne verra que vous, et.. Ah!.. allons donc! il ferait beau voir que Mademoiselle... Non, monsieur Félix, non! cela ne peut continuer sur ce pied.

FÉLIX. Pourquoi donc, Mademoiselle?

JOSÉPHINE. Pourquoi? Mademoiselle ne doit pas le souffrir.

FÉLIX. Mais quel mal y a-t-il à ce que je l'appelle ma bonne amie?

JOSÉPHINE. Le mal... il y a des choses qu'on n'explique pas aux enfants; il suffit qu'on les leur défende, et...

FÉLIX. Qu'on lent défende? Mon Dieu! mademoiselle Joséphine, est-ce ma bonne amie qui vous a chargé de me parler ainsi?

JOSÉPHINE. Non, mais j'espère bien...

FÉLIX, reprenant un air gai et assuré. Oh bien! alors, grondez-moi, faites la méchante, je n'ai plus peur. Jamais ma bonne amie ne me défendra de l'aimer.

JOSÉPHINE. Mais, monsieur Félix, le respect...

FÉLIX. Eh bien! je donnerais ma vie pour elle.

JOSÉPHINE. Il ne s'agit pas de...

FÉLIX, gaiement, avec enfantillage et malice. Bah! bah! ce n'est pas ma bonne amie qui vous a dit de me gronder; ainsi ça m'est égal, je ne dois obéir qu'à elle. (Lui sautant au cou, l'empêchant de parler et l'embrassant.) Vous, vous êtes méchante, vous me grondez toujours; ça n'empêche pas que je vous aime bien; mais je ne veux pas vous écouter. (Il se sauve tout en riant.)

SCÈNE VI.

JOSÉPHINE, seule.

(Elle est tout étourdie de la vivacité de Félix et redresse son bonnet devant la toilette.)

A-t-on jamais vu un pareil petit lutin! raisonnez donc avec un enfant gâté comme celui-là, un enfant accoutumé à faire toutes ses volontés, et qui, dans le fait, est charmant! le meilleur petit cœur! aimable, reconnaissant et joli!... C'est pour cela que Mademoiselle en est folle; c'est bien naturel; et l'habitude de le voir tous les jours, de le traiter en enfant, l'empêche de remarquer, de prévoir... mais qu'est-ce que j'entends? (Elle se retourne, la porte s'ouvre, et le vieux Gérôme paraît.)

SCÈNE VII.

GÉROME, JOSÉPHINE.

JOSÉPHINE. Eh! c'est monsieur Gérôme! le vieux père nourricier de notre chère maîtresse! Entrez donc, entrez donc, notre ancien et toujours bon ami.

GÉROME. Il n'y a pas d'indiscrétion?

JOSÉPHINE. Pour vous? jamais. Je pensais à vous; je me doutais bien que Mademoiselle ne vous aurait pas oublié un jour comme celui-ci.

GÉROME, étonné. Un jour... Dans le fait, en entrant dans le château, et tandis que j'embrassais notre petit Félix qui courait, j'ai vu, comme... comme des apprêts de fête.

JOSÉPHINE. Je le crois bien! mieux que cela; est-ce que vous ne savez pas?...

GÉROME. Je ne sais rien. J'ai reçu de mademoiselle Amélie de Clairville un petit billet qui me dit de venir, j'arrive.

JOSÉPHINE. Elle ne vous dit pas pourquoi?

GÉROME. Non.

JOSÉPHINE. C'est singulier! on dirait que ce mot ne peut sortir de sa bouche, ni de sa plume. Il n'y a même encore au château que l'intendant et moi qui en soyons instruits, sous le secret; tout le reste l'ignore, et cependant c'est aujourd'hui.

GÉROME. Aujourd'hui, quoi?

JOSÉPHINE. Vous allez être bien agréablement surpris, mon cher monsieur Gérôme; vous ne le croirez jamais; après avoir tant refusé, mademoiselle Amélie...

GÉROME. Eh bien?

JOSÉPHINE. Eh bien! mademoiselle Amélie, enfin, se marie.

GÉROME. Mademoiselle! hein? qu'est-ce que vous dites?

JOSÉPHINE. J'étais sûre qu'il ne le croirait pas. Je vous apprends, mon cher ami, que mademoiselle Amélie renonce à rester fille, et qu'elle se marie.

GÉROME. Elle se marie!

JOSÉPHINE. Aujourd'hui on signe le contrat, et demain... on s'engage à l'église.

GÉROME. Mademoiselle? ça ne se peut pas.

JOSÉPHINE. Je vous dis qu'elle se marie.

GÉROME. Non, elle ne se marie pas.

JOSÉPHINE. Il est fort celui-là! Et pourquoi mademoiselle Amélie ne se marierait-elle pas comme une autre? est-ce parce qu'elle a trente-deux ans? C'est une fort jolie femme, et il ne faut pas croire qu'il n'y ait que la jeunesse qui inspire de l'amour.

GÉROME. Mademoiselle se marie! Vous êtes bien sûre de cela?

JOSÉPHINE. Dame! à moins que je ne rêve. Nous attendons aujourd'hui à dîner le futur, que monsieur le conseiller d'État, le père de Mademoiselle, doit amener; ils sont en route, et ce soir on signe le contrat; les témoins sont invités, c'est assez positif. Vous n'avez pas l'air content?

GÉROME, attristé. Moi? si fait. Se marier!

JOSÉPHINE. Se marier! est-ce que monsieur Gérôme trouverait que ce soit un malheur? Il me semble que Mademoiselle a bien assez longtemps réfléchi, et quand on fait un choix raisonnable, distingué...

GÉROME. Un choix! choisir n'est pas gagner : en fait de mariage, le meilleur quelquefois est d'attendre... toujours; et Mademoiselle n'avait pas besoin...

JOSÉPHINE. D'un mari?

GÉROME. Non.

JOSÉPHINE. Par exemple! voilà la première fois que j'entends une pareille chose! Un mari, monsieur Gérôme, un mari est une chose nécessaire chez soi, dans le monde, dans toutes les occasions; et certainement il est plus convenable et plus à propos de donner ses affections à un mari qu'on doit aimer, à des enfants dont on est la mère, que de les prodiguer sans raison à un petit orphelin... intéressant, je l'avoue, mais étranger, inconnu, trouvé, qui est tombé on ne sait d'où.

GÉROME, fâché. On ne sait d'où?

JOSÉPHINE. Mais, apparemment, monsieur Gérôme; à moins que vous ne le sachiez, vous?

GÉROME. Moi! du tout.

JOSÉPHINE. Eh bien! monsieur Gérôme, la place est assez belle pour un fils de la maison, et nous en aurons un, avec la grâce de Dieu... et un mari.

GÉROME. En ce cas-là, mademoiselle Joséphine, si c'est pour ça que Mademoiselle m'a fait venir au château, dites-lui que j'attends ses ordres; je ne suis pas curieux de noces, je lui souhaite bien du bonheur, je repartirai plus tôt.

JOSÉPHINE. Vous partirez avant?..

GÉROME. C'est mon affaire; ayez la complaisance de dire à mademoiselle que je suis là.

JOSÉPHINE, surprise. J'y vais, monsieur Gérôme, j'y vais. (A part.) Voilà qui est surprenant! on dirait que monsieur Gérôme est fâché qu'on se marie; ça n'a pas le sens commun. (Elle sort avec humeur.)

SCÈNE VIII.

GÉROME, seul. Elle se marie! je ne l'aurais jamais cru, après de si belles résolutions, après tant de promesses! Jamais, me disait-elle, jamais, mon bon Gérôme, je ne sacrifierai ce pauvre petit innocent... Moi je l'ai cru, et voilà que tout est changé... Ah çà! mais, si elle se marie, que va-t-elle faire de... ah! oui, je devine, c'est pour cela qu'elle veut me parler... Ah! bon Dieu, les femmes! les femmes!.. j'estimais mieux celle-là... Voyons! en tout cas, moi, je le prendrai, le pauvre petit. (Amélie entre vivement.)

SCÈNE IX.

ÁMÉLIE, GÉROME, et ensuite JOSÉPHINE.

AMÉLIE. Ah! vous voilà, mon bon Gérôme! j'étais sûre que vous ne me feriez pas attendre; je comptais sur votre amitié.

GÉROME. Et Mademoiselle avait raison; celle-là n'est pas changeante... ah! ma chère demoiselle, c'est une vieille habitude; je vous ai portée comme cela sur mes bras, de la part de madame votre mère, à ma défunte bonne femme, il y a trente-deux ans... excusez, Mademoiselle.

AMÉLIE. Non, non, Gérôme; ces souvenirs me sont toujours chers; votre femme m'a tenu lieu de mère, je perdis la mienne si jeune! et vous Gérôme!.. (Dans ce moment Joséphine reparaît, se tenant derrière, sans bruit, pour écouter. Gérôme la voit et s'en inquiète.)

GÉROME, interrompant Amélie, parce qu'il voit Joséphine. Moi, Mademoiselle, je vous dois le repos et le bonheur de ma vieillesse. (Il lui fait signe que Joséphine est là, et continue.) Vous m'avez envoyé hier au soir ce billet, me voilà, ce matin. J'ai embrassé mon petit Félix... (Il fait signe à Amélie qu'on les écoute : celle-ci se retourne et voit Joséphine.)

AMÉLIE, sans montrer d'humeur. Joséphine, descendez; voyez si l'on exécute les ordres que j'ai donnés; on n'entrera pas que je n'appelle.

JOSÉPHINE, sèchement. Il suffit, Mademoiselle. (A part.) Il y a quelque chose, cela est sûr. (Elle sort par le fond.).

SCÈNE X.

AMÉLIE, GÉROME.

(Ils se regardent un moment sans parler.)

GÉROME, après avoir lu dans le regard contraint d'Amélie. Il est donc vrai, Mademoiselle, on ne m'a point trompé, votre silence me le dit... Vous allez vous marier?

AMÉLIE, baissant la voix et les yeux. Oui, Gérôme.

GÉROME. Oui?.. ah!.. Il fallait que je l'entendisse de votre bouche, et il me semble encore que je ne dois pas vous croire... Vous marier, après seize années...

AMÉLIE, du ton de la prière. Mon ami!

GÉROME, avec chaleur. Oui, Mademoiselle, je dois vous le dire, après seize années de courage, de résignation, de vertu... ah! Mademoiselle, c'est trop tard; ou il ne le fallait jamais. Il y a dix ans, douze ans, je ne dis pas; quand on est jeune, le mariage paraît si beau, et puis l'amour est là, le cœur parle quelquefois plus haut que la raison; la séduction, le monde... je l'ai craint pour vous, Mademoiselle, et je vous aurais plainte alors, voilà tout. Mais après avoir si longtemps résisté, après avoir bravement sacrifié votre plus belle jeunesse, renoncer tout d'un coup au fruit d'une bonne action, gâter seize années de vertu, perdre, mordienne! le champ de bataille après la victoire... Oui, Mademoiselle, ça me fâche, ça me bouleverse l'esprit, parce que je vous admirais... et à présent... Enfin, c'est apparemment votre volonté; au surplus, vous êtes la maîtresse; je n'ai rien à dire à ça... si ce n'est que le pauvre petit, comme à peu près tous ceux qui lui ressemblent d'un certain côté, a mangé, comme on dit, son pain blanc le premier, et que maintenant... (Il s'arrête voyant Amélie, son mouchoir sur ses yeux, l'écouter en pleurant.) Pardon, Mademoiselle; je me suis permis plus que je n'ai le droit de faire.

AMÉLIE, avec douceur. Non, Gérôme, vous avez ce droit.

GÉROME. Ce n'est pas tout à fait ma faute; c'est, voyez-vous, mon amitié pour ce cher petit garçon... et pour vous aussi, Mademoiselle; oui, pour vous, qui n'avez peut-être pas assez prévu, assez calculé toutes les conséquences d'un mariage dans votre position; il y aurait des choses à dire à cet égard, si... mais... Enfin, est-ce décidé, Mademoiselle?

AMÉLIE, avec une fermeté douce. Oui.

GÉROME. Alors, toutes mes raisons ne signifient plus rien; du moment que c'est votre idée... si le cœur s'en mêle aussi... Soyez heureuse, Mademoiselle; mais c'est égal, je n'aurais jamais pensé que vous puissiez avoir plus d'affection... pour un homme que pour...

AMÉLIE, l'interrompant. Jamais, Gérôme, oh! non, jamais! Cette affection si profonde, si malheureuse, et qui m'est si chère, est la seule qui remplira ma vie.

GÉROME. La seule? vous me l'avez toujours dit, Mademoiselle... et vous vous mariez!

GÉROME. Je fais bien plus. (En pleurant.) je me sépare de lui.

GEROME. Du petit?

AMÉLIE. De Félix.

GÉROME, peu maître de son indignation. Vous vous en séparez, Mademoiselle! vous chasserez ce pauvre enfant... après...

AMÉLIE. Ah! le chasser! avez-vous pu dire ce mot?

GÉROME. Dame!

AMÉLIE. Je l'éloigne.

GÉROME, avec amertume. C'est juste; il le faut bien pour prendre un mari.

AMÉLIE, prenant et serrant la main de Gérôme avec amitié. Je vous pardonne, mon bon Gérôme; oui pour prendre un mari, afin de sauver l'honneur et la vie de mon père : voilà mon crime.

GÉROME. Ah! mon Dieu, que dites-vous là, Mademoiselle?

AMÉLIE. Vous m'avez pu soupçonner d'un sentiment indigne de moi?

GÉROME. L'honneur et la vie de votre père! est-il possible?

AMÉLIE. Oui, Gérôme, sans cela... Non, non, mon cœur n'a point oublié quel malheur affreux, quel crime m'a défendu d'approcher de l'autel du mariage. Quand même un sentiment, (Plus bas.) un amour de mère n'eût pas suffi pour remplir et combler mon âme, l'honneur m'eût dicté mon devoir. Dire ma honte ou bien tromper un époux, pour ma vie, je ne l'eusse point fait.

GÉROME, avec des larmes. A la bonne heure, Mademoiselle, et cependant vous n'êtes pas coupable.

AMÉLIE. Et qu'importe? on m'a déshonorée. (Gérôme lui fait signe de se taire.) Vous savez, Gérôme, quelle était ma résolution : jamais de mariage; mais un devoir plus sacré, ma conscience me le dit, est venu me relever de ce serment, et m'oblige à le rompre. Gérôme, je vais vous prendre pour juge. Je puis encore refuser ma main. Je m'engage à rejeter ce mariage, si vous me dites que je le puis sans me perdre dans votre esprit.

GÉROME. Moi, juger cela?

AMÉLIE. Oui; vous êtes un honnête homme. Écoutez-moi. A l'époque fatale... en 1814... (Elle s'arrête et couvre ses yeux.)

GÉROME, avec tristesse. Pourquoi nommer cette année?

AMÉLIE. Il le faut bien; pendant que j'étais cachée dans votre chaumière, à quinze ans! et que vous seul et Dieu...

GÉROME, très-bas, et lui prenant la main. Chut...

AMÉLIE, après s'être remise. Après l'entrée des alliés dans la capitale, mon père était resté à Paris.

GÉROME. Oui.

AMÉLIE. Nous avions un ami, intime; vous avez dû l'entendre nommer, le baron de Saint-Val?

GÉROME. Sans doute.

AMÉLIE. Il avait été conventionnel, et il avait voté...

GÉROME. Diable!

AMÉLIE. On redoutait des représailles, des vengeances. Le baron, effrayé, se crut perdu, proscrit, et ne vit de salut pour lui que dans la fuite : rien ne put le retenir. Déjà, par prévoyance, il avait réalisé toute sa fortune : cinq cent mille francs en portefeuille. Frappé de terreur, craignant d'être arrêté, il n'osait garder cette somme sur lui. Il vint trouver mon père, lui confia son portefeuille, et lui dit : Gardez-moi cela; je pars; si j'atteins la frontière sans malheur, je vous écrirai, vous me ferez passer ces fonds. Si l'on m'arrête, gardez-les-moi. Si je péris, vous les remettrez à mon fils... Mon père accepta le dépôt; il n'en donna pas même de reçu, et le baron partit. Trois mois s'écoulèrent... point de lettres, point de nouvelles...

GÉROME. Du baron?

AMÉLIE. Enfin, au bout de quinze mois, après les Cent Jours, j'étais revenue chez mon père; un journal étranger nous apprit, par hasard, que le baron de Saint-Val était mort subitement en arrivant à Londres, trois jours après sa fuite de Paris.

GÉROME. Il était mort!.. et son fils?

AMÉLIE. Son fils, qui avait suivi Napoléon à l'île d'Elbe, avait disparu... Aussitôt, mon père pensa qu'il ne devait plus garder le dépôt de son ami, et en attendant qu'il pût découvrir ce qu'était devenu Léon de Saint-Val, il voulut remettre le portefeuille entre les mains d'un notaire.

GÉROME. C'était bien.

AMÉLIE. Ce portefeuille avait été serré dans un secrétaire à double fond; mon père seul en avait la clef : c'était un secret pour tout le monde... il ouvre, lève le double fond... je le suivais; je le vois encore avancer la main pour le prendre... s'arrêter, reculer, pâlir, et tomber sans connaissance.

GÉROME. Comment?

AMÉLIE. Le portefeuille avait disparu.

GÉROME. Les cinq cent mille francs?...

AMÉLIE. Étaient volés.

GÉROME. Avez-vous découvert?..

AMÉLIE. On n'a jamais rien su.

GÉROME. Un dépôt!

AMÉLIE. Oui, Gérome; et un dépôt fait sur l'honneur! Vous connaissez mon père, sa probité. Toute notre fortune égalait à peine la valeur du dépôt. Dès ce moment il ne se regarda plus que comme le gérant de son propre bien, il attendit l'heure de sa ruine. Et moi, Gérôme, je profitai de ce secret et de ce malheur pour refuser tous les partis, d'accord avec mon père, qui ne savait pas...

GÉROME. Cependant vous êtes toujours riches... Ah mon Dieu! je devine, est-ce que l'héritier?..

AMÉLIE. Oui, Gérôme; après quatorze années, lorsque nous commencions à oublier notre danger, un jour, il y a un mois à peine, un militaire, un colonel se présenta chez mon père : c'était monsieur Léon de Saint-Val, le fils du baron.

GÉROME. Seigneur Dieu! il venait réclamer?..

AMÉLIE. Non, il ne savait rien.

GÉROME. Ah!

AMÉLIE. Son père n'avait pas le eu temps de l'instruire.

GÉROME. C'est vrai! alors?

AMÉLIE. Mais mon père le savait, lui.

GÉROME. C'est juste, et c'est un honnête homme.

AMÉLIE. Il lui a dit sans hésiter : Monsieur, j'ai reçu en dépôt, de monsieur votre père, cinq cent mille francs que je dois vous rendre. Le dépôt est perdu; mais demain mon notaire vous remettra l'état de toute ma fortune; elle monte à cette somme, elle vous appartient.

GÉROME. Il a dit ça, Mademoiselle? Qu'a répondu le colonel?

AMÉLIE. J'étais présente; j'ai vu les yeux de M. de Saint-Val se remplir de larmes; il les a levés longtemps sur moi, et s'est tu.

GÉROME. Il n'a rien dit! ce n'est pas bien.

AMÉLIE. Le lendemain, il fit demander si ma main était libre.

GÉROME. C'est bien.

AMÉLIE. Ah! Gérôme, le ciel le sait; je ne voulais pas tromper un homme aussi généreux : je refusai; mais alors, ce fut mon père qui vint se jeter à mes genoux, et je vis couler des larmes, j'entendis des prières que je ne connaissais pas encore! Voyez-vous ce vieillard si courageux, si probe, si fier, à mes pieds, pâle, près de mourir. Ma fille, me dit-il, ne pas rendre un dépôt, c'est perdre l'honneur, et la misère est trop pénible à mon âge! sauve ma vie et ma gloire, en acceptant un noble époux; tu n'as aucune raison de refuser. Si tu rejettes sa main, tu prononces mon déshonneur ou ma ruine. Alors, malgré lui-même, je ferai mon devoir, et dans une heure j'aurai cessé de vivre, pour ne pas voir ta propre misère. L'entendez-vous! moi je ne pouvais lui dire : Votre fille est indigne de racheter votre honneur : ah! c'est alors qu'il serait mort! Gérôme, j'ai donné ma main, ai-je mal fait? suis-je coupable?

GÉROME. Vous! oh! non, maintenant! c'était votre devoir.

AMÉLIE. Cependant, Gérôme, je sacrifie mon Félix.

GÉROME. Au contraire, Mademoiselle; n'était-il pas aussi ruiné sans ce mariage? Eh bien! vous serez toujours riche, et vous ne l'abandonnerez pas.

AMÉLIE. Oh ciel! jamais; mais il ne sera plus auprès de moi.

GÉROME. Pourquoi donc?

AMÉLIE, avec une sorte de honte. Gérôme! si je l'aimais moins, si je pouvais cacher mon amour, peut-être; mais comment oser devant un époux.

GÉROME. Je comprends.

AMÉLIE. Il faut donc... (Lui prenant les mains avec l'accent le plus touchant.) Mon ami, mon digne et unique ami, vous seul, après Dieu, savez mon secret! soyez le père de mon Félix, comme vous avez été le mien!..

GÉROME. Toujours, Mademoiselle.

AMÉLIE. Gérôme, je vous le confie, je vous le donne, c'est mon amour et ma vie!

GÉROME. Je le prends, Mademoiselle, et je vous en répondrai sur le reste de mes vieux jours.

AMÉLIE. Vous l'emmènerez : vous le conduirez à Paris; là, je pourvoirai à tout; d'ici, Gérôme, je veillerai à son éducation, nous n'épargnerons rien; il deviendra, j'en suis sûre, un homme distingué; oh! oui, mon Félix est appelé à s'élever parmi les hommes! il choisira sa carrière, son cœur le dirigera bien; et vous, Gérôme, vous serez son guide, son ami, son père.

GÉROME. Oui, Mademoiselle; et vous?

AMÉLIE. Moi, j'irai le voir quelquefois.

GÉROME. Souvent; sans rien dire, il ne saura jamais...

AMÉLIE, l'arrêtant. Il le saura, Gérôme.

GÉROME. Il... comment! vous lui direz?... Ah! je comprends; plus tard, quand son âge, sa prudence...

AMÉLIE. Non, mon ami, dès aujourd'hui.

GÉROME. Aujourd'hui! quoi, Mademoiselle, vous lui direz que vous êtes... mais il ne voudra plus partir, il ne voudra plus vous quitter.

AMÉLIE. Au contraire, il partira moins malheureux, avec plus de courage.

GÉROME. Vous croyez ça, Mademoiselle?

AMÉLIE. Non, Gérôme, je le sens. Eh! dites-moi, mon ami, quelle raison pourrais-je avoir de chasser cet innocent enfant, après l'avoir élevé, comme ils disent, par charité; après l'avoir tant aimé, si longtemps comblé de mes caresses! il ne me comprendrait plus! Gérôme, il m'adore, et il croirait qu'un caprice... Ah! mon cœur s'en révolte! le sien en serait brisé, peut-être flétri pour toujours, car il ne croirait plus à l'amitié.

GÉROME. C'est vrai; mais, Mademoiselle, il est si jeune encore; s'il allait dire...

AMÉLIE. Non : je lui donnerai à garder l'honneur et la vie de sa mère; je serai tranquille, mon ami, il ne me trahira pas.

GÉROME, très-ému. Et... quand faudra-t-il... que je l'emmène?

AMÉLIE, après un combat intérieur. Aujourd'hui.

GÉROME. Sitôt!

AMÉLIE. Avant l'arrivée... Aidez mon courage.

GÉROME. Quand vous voudrez, Mademoiselle : mon petit bagage sera bientôt prêt... Congédier Annette et fermer ma porte... je ne vous demande que deux heures.

AMÉLIE. Soyez seulement de retour avant le soir.

GÉROME. Comptez sur moi. (Pendant qu'Amélie sonne, à part.) Quel dommage! une si bonne mère! (Un domestique paraît.)

AMÉLIE. Appelez Félix; qu'il vienne tout de suite. (Le domestique se retire.) Mon Dieu! voilà l'instant le plus cruel et le plus doux de ma vie... Je vais donc l'appeler mon fils!

GÉROME. Je l'entends.

AMÉLIE, très-émue. C'est lui... mon ami... (Lui montrant le cabinet qui est à gauche.) Attendez là.

GÉROME, bas. Oui, Mademoiselle. (Il passe dans le cabinet.)

SCÈNE XI.

AMÉLIE, FÉLIX.

(Félix en entrant a laissé la porte ouverte, et accourt avec la vivacité de son âge.)

FÉLIX. Me voilà, ma bonne amie. (Amélie lui fait signe de se taire, jette un coup d'œil autour d'elle et va fermer la porte. Ensuite elle revient lentement, le regarde, et lui prend la main en paraissant réfléchir. — Inquiet). Mon Dieu, ma bonne amie, vous me regardez d'un air sérieux, que je ne comprends pas : allez-vous me gronder? (Amélie, sans lui répondre, lui donne un baiser sur le front. Avec confiance.) Oh! non, vous m'embrassez; mais...

AMÉLIE, avec une tendre autorité. Taisez-vous. (Elle porte son mouchoir à ses yeux comme pour se raffermir, se préparer, puis, se tournant de nouveau vers Félix, elle lui prend la main.) Félix, m'aimez-vous bien?

FÉLIX. Moi, ma bonne amie, si je vous aime bien? oh! de tout mon cœur... non, non, ce n'est pas cela; je vous aime encore davantage.

AMÉLIE. Davantage? Comprenez-moi bien, Félix, et consultez votre cœur; je ne vous parle pas d'une amitié frivole, ordinaire. M'aimeriez-vous assez pour me faire tous les sacrifices que l'on peut comprendre à votre âge? renonceriez-vous pour moi à tout ce que vous préférez au monde, à votre bonheur, à vos espérances, à votre existence même?

FÉLIX, vite et résolûment. Certainement.

AMÉLIE. Félix, vous répondez bien vite et sans réflexion.

FÉLIX. Au contraire, c'est que j'y ai réfléchi.

AMÉLIE. Comment!

FÉLIX. Oui, vous savez bien, ma bonne amie, le jour où vous vous êtes évanouie, où vous avez été si longtemps sans connaissance?

AMÉLIE. Eh bien?

FÉLIX. Eh bien! si vous étiez morte, comme le disait mademoiselle Joséphine, j'étais bien décidé, moi; j'avais pris mon parti; je serais allé me jeter dans l'étang.

AMÉLIE, le saisissant. Grand Dieu! il a eu cette pensée! Était-ce dans la crainte de rester sans protecteur, abandonné?

FÉLIX. Oh! non; y pensais-je? c'était parce que je ne vous aurais plus vue.

AMÉLIE, à elle-même. Comment achever!

FÉLIX. Mais pourquoi me demandez-vous tout cela, ma bonne amie?

AMÉLIE. Félix, si pour avoir pris soin de votre enfance, vous avoir élevé, vous aimer... tendrement, vous donneriez pour moi... tout, jusqu'à vos jours; mon ami, ces mêmes sacrifices, je dois les faire aussi sans hésiter, pour mon père, qui m'a donné la vie, qui m'a élevée, et qui me chérit... comme je vous aime... n'est-ce pas?

FÉLIX. Il n'y a pas de doute.

AMÉLIE. Eh bien! Félix, aujourd'hui même il faut que je renonce à ce que j'aime le plus au monde; il faut que j'immole mon bonheur à mon devoir envers mon père.

FÉLIX. Votre bonheur?

AMÉLIE. Écoutez; vous êtes bien jeune, mais votre cœur me comprendra.

FÉLIX. Oh! oui, ma bonne amie.

AMÉLIE. Mon Félix, il vient un âge où, pour certaines personnes, la perte absolue de la fortune est le plus grand des malheurs, où la misère conduit à la mort.

FÉLIX. Comme ce lord du parlement d'Angleterre, qui s'est tué d'un coup de pistolet parce qu'il avait tout perdu?

AMÉLIE. Oui, mon ami, parce qu'il avait tout perdu. Mon père, entendez bien, Félix, mon père aussi a tout perdu.

FÉLIX. Ciel!... oh! ferait-il comme le lord?

AMÉLIE. Oui, Félix; mais je puis tout lui rendre : la fortune, l'honneur et la vie.

FÉLIX, avec joie. Oh! tant mieux!

AMÉLIE. En me mariant.

FÉLIX, tout interdit. Vous marier!

AMÉLIE. Je ne puis le sauver qu'à ce prix. C'est peut-être pour moi un plus grand sacrifice que celui de la vie, car... mais il y va des jours de mon père; puis-je refuser?

FÉLIX. Oh non!.. (Il pleure tout aussitôt après.)

AMÉLIE. Je le savais : pourquoi pleurez-vous déjà?

FÉLIX. Vous aimerez encore quelqu'un?

AMÉLIE. Non, Félix, non; c'est sans amour, sans préférence : personne ne vous ôtera de mon cœur... et cependant... pauvre enfant! vous l'avez pressenti, ce mariage doit nous séparer.

FÉLIX, consterné. Nous séparer!

AMÉLIE, *en pleurs.* C'est pour cela qu'il me faut tant de courage.

FÉLIX. Nous séparer! oh! non, oh! non, jamais! ma bonne amie, ne me renvoyez pas. Est-ce que ce mari vous ordonne de me chasser? est-ce que déjà il vous défend d'aimer votre Félix? (*D'un air révolté.*) Eh bien! que ce soit lui qui le dise! qu'il vienne m'arracher de vos bras! qu'il me chasse! et l'étang...

AMÉLIE, *lui saisissant la main.* Ah! malheureux! (*Fondant en larmes.*) Encore cette idée! (*Elle tombe assise sur le sopha et comme découragée.*)

FÉLIX, *s'approchant d'elle.* Pardon, ma bonne amie... (*Résolument.*) je ne veux pas vous quitter!

AMÉLIE, *demeurant assise jusqu'à la fin de l'acte.* Félix, si c'était pour moi! à ma prière, pour m'empêcher de mourir... Mon mariage est inévitable; je vais avoir un époux, un juge, un maître à qui je devrai compte de mes actions et de mes sentiments; que lui dirai-je à votre égard?.. Orphelin, étranger pour lui, vous souffrira-t-il toujours auprès de moi? permettra-t-il une préférence que je ne pourrai cacher? comment expliquera-t-il une tendresse... qui n'est permise qu'au cœur d'une mère? (*Elle tient la main de Félix et le regarde. — Félix, qui a écouté attentivement, tressaille.*)

FÉLIX. D'une mère? (*Ils se regardent un moment.*)

AMÉLIE. Oui, Félix... (*De plus en plus émue.*) cette tendresse, qu'ils ne comprennent pas, elle étonne déjà des yeux plus indifférents que ne le seront ceux d'un époux. Pour te garder innocemment auprès de moi, pour oser devant lui te presser sur mon sein, te donner mes baisers, il faudrait que je puisse dire : J'ai ce droit : c'est mon fils! (*Elle s'arrête et le regarde, n'osant aller plus loin.*)

FÉLIX. Vous!.. Dieu!.. oh! non, non, je n'ose pas... (*Voyant pleurer Amélie.*) Pourtant, si... mon Dieu!... (*Se jetant aux genoux d'Amélie et lui tendant les mains.*) Oh! ma bonne amie! dites...

AMÉLIE, *avançant vite ses deux mains pour le faire taire. Très-bas.* Chut!.. (*Elle jette un regard autour d'elle, puis, entourant la tête de Félix de ses deux bras, elle l'attire sur son sein et l'embrasse.*)

FÉLIX, *dans ses bras.* Maman!..

AMÉLIE, *bas, entre la joie et les pleurs.* Oui... tais-toi!.. oui, ta mère! mon fils! mais, silence! silence! je ne puis nommer ton père.

FÉLIX, *toujours entre les bras d'Amélie, bas.* Oh! maman! maman! maman! (*En l'embrassant.*) Que je suis heureux, maman, que je suis fier d'être à toi!

AMÉLIE. Hélas! mes baisers, mes larmes te l'ont dit si souvent!

FÉLIX. Et moi aussi, maman.

AMÉLIE, *relevant Félix et le faisant asseoir à côté et tout près d'elle sur le sopha, où elle continue de l'embrasser.* Maintenant, mon fils, mon cher fils... que ce nom me plaît! tu es le maître de mon sort: l'honneur de ta mère est sous ta garde, tu disposes de ma vie et de ma mort; car si tu disais...

FÉLIX. Oh! non, jamais! jamais! maman... Ciel! l'honneur de ma mère! ce secret mourra dans mon cœur... je le sais; c'est assez pour être heureux. A présent je comprends tout; oui, maman, oui, il faut que je m'éloigne de toi; ton mari ne doit pas me voir. Ne pleure pas; je dois partir, mais pas pour toujours. Oh! non, non, toujours, c'est impossible! Dis que je te reverrai, et je partirai quand tu voudras. Je ne t'embrasserai devant personne, mais moi, moi, je sais que tu es maman... j'ai une mère! ah! je suis bien heureux!

AMÉLIE, *en l'embrassant.* Tu me fais mourir. (*Pendant qu'Amélie tient Félix embrassé, Gérôme ouvre avec discrétion la porte du cabinet.*)

SCÈNE XII.

LES MÊMES, GÉROME.

(*Au bruit que la porte fait en s'ouvrant, Félix se dégage précipitamment des bras de sa mère, et s'éloigne d'elle. Gérôme se trouve derrière le sopha.*)

GÉROME, *bas, à lui-même.* Il le sait.

FÉLIX, *bas à lui-même, en essuyant ses larmes.* Ce n'est plus maman.

GÉROME, *à Amélie qui est demeurée en pleurs sur le sopha.* Eh bien! Mademoiselle?

AMÉLIE. Je le connaissais, Gérôme, mais je n'ai plus de courage. (*Félix les regarde étonné.*)

GÉROME *à Félix.* Je suis dans le secret.

FÉLIX. Toi aussi! Ah! j'embrasserai encore maman! (*Il s'élance de nouveau aux genoux d'Amélie qui le reçoit dans ses bras. Gérôme attendri les regarde. — Le rideau baisse. — Le décor change.*)

SCÈNE XIII.

(*Le théâtre représente un riche salon de compagnie, donnant au fond sur des jardins qu'on aperçoit à travers les portes vitrées. — A droite, deux autres portes; à gauche, parallèlement, une porte et une fenêtre. Meubles de salon. Une belle corbeille de mariage est sur un guéridon. — Cinq heures de l'après-midi.*)

M. DE CLAIRVILLE, AMÉLIE, JOSÉPHINE, DEUX FEMMES DE CHAMBRE.

(*Au lever du rideau, Joséphine et les deux femmes de chambre sont autour du guéridon, regardant les objets que renferme la corbeille. — M. de Clairville et Amélie sont en scène.*)

DE CLAIRVILLE, *portant l'habit de conseiller d'État et l'épée.* Laisse-moi te remercier et t'embrasser encore, ma chère Amélie, ma fille bien-aimée! Au déclin de ma vie, quand la faiblesse et le poids de l'âge ne me permettaient plus ni de porter le malheur, ni de le réparer, je retrouve et je conserve par toi mon bonheur sans perdre ma fortune, et la vie peut m'être chère encore.

AMÉLIE. Je ne mérite pas de tels remerciements, mon père; ma soumission était un devoir.

JOSÉPHINE, *à part.* C'est magnifique! (*Haut.*) Voilà les diamants.

DE CLAIRVILLE. Je sais quelle fut toujours ta répugnance pour le mariage; mais le sacrifice de ta liberté ne restera pas sans récompense.

AMÉLIE. Votre bonheur, mon père...

DE CLAIRVILLE. Dis plus, dis aussi ma vie. Oui, chacun de mes jours désormais t'appartiendra, et ce prix, je le sais, suffirait à ton cœur. Mais le ciel t'en devait encore un autre, et, juste envers tes vertus, il te le donne, ma fille, dans le plus noble et le plus estimable des époux; avec lui, ton bonheur est plus sûr encore; et ce n'est pas la moindre joie de mon cœur de voir que le destin a fait pour toi mieux peut-être que n'eût obtenu le choix le plus sage et le plus réfléchi.

JOSÉPHINE, *qui s'est approchée avec un écrin à la main.* Il faut l'avouer, Mademoiselle, monsieur le comte a raison. Voyez les beaux diamants! cela serait digne d'une princesse. Oh! monsieur le baron de Saint-Val sera décidément un mari parfait.

AMÉLIE. Sa conduite envers mon père surpasse le plus bel éloge.

DE CLAIRVILLE. Ce mot dans ta bouche, ma fille, est un gage de bonheur.

JOSÉPHINE. Et Mademoiselle n'a pas vu deux superbes cachemires.

AMÉLIE. Je les verrai, Joséphine.

JOSÉPHINE. Ajoutez à cela, ce qui n'est pas à oublier, que monsieur le baron est un fort bel homme, un peu sérieux, même un peu singulier. Oh! par exemple, ce n'est pas du tout un galant, un diseur de belles choses, un héros de salon, et je vous en félicite, Mademoiselle; oui, ce n'est pas un tort que cela, au contraire, il y a presque toujours un génie et un cœur sous un esprit original.

DE CLAIRVILLE. Joséphine juge bien.

JOSÉPHINE. Et Christophe, son hussard! vous n'avez pas encore vu celui-là, Mademoiselle? c'est un modèle. (*Le contrefaisant.*) Il parle la franzais gome ein Zuize... Eh bien! j'aime aussi cela; ça n'est pas ordinaire. (*Amélie, avec bonté, fait signe à Joséphine de se taire.*)

DE CLAIRVILLE, *à Amélie.* C'est un vieux soldat qui n'a jamais quitté son colonel : cela fait encore l'éloge du baron, et, quoi qu'en dise Joséphine, il ne néglige pas les soins d'un homme qui désire te plaire, car je le crois à sa toilette.

JOSÉPHINE, *avec importance.* Nous sommes prêtes à le recevoir.

DE CLAIRVILLE, *répondant à Amélie.* Je l'en remercie. Mais, à propos, ma fille, il y a quelque temps que je ne suis venu au château, et en arrivant je n'ai pas vu, comme de coutume, ce jeune orphelin, le petit Félix, qui accourait au-devant de moi... Ne l'as-tu plus auprès de toi? (*Joséphine, qui allait retourner sur ses pas, s'arrête et écoute attentivement.*)

AMÉLIE, *avec une froideur contrainte.* Je l'ai gardé au château jusqu'à ce jour; mais, au moment de contracter des nœuds qui vont me placer sous la dépendance d'un époux et lui soumettre toutes mes affections, j'ai pensé qu'il était convenable d'éloigner cet enfant.

JOSÉPHINE, *à part.* Il est parti!

DE CLAIRVILLE. Je ne présume point, Amélie, que le baron eût blâmé l'intérêt que tu prends à cet orphelin; cependant je ne puis qu'approuver le sentiment délicat qui t'a conseillée; ton cœur est appelé à d'autres affections plus près de la nature. D'ailleurs, Félix est déjà d'âge à se placer dans le monde, et il vaut mieux pour lui qu'il ne compte pas toujours sur un appui étranger. Cependant, ma fille, tu pourras continuer à lui faire quelque bien.

JOSÉPHINE, *avec curiosité.* Mademoiselle peut le recommander.

DE CLAIRVILLE. Ton mari même peut le protéger.

AMÉLIE, *un peu vivement.* C'est inutile; je l'ai placé.

JOSÉPHINE. Déjà! Mademoiselle a bien fait.

AMÉLIE. Il suffit.

JOSÉPHINE, *à part.* C'est singulier.

UN DOMESTIQUE, *qui est entré, annonçant.* Monsieur le baron de Saint-Val.

AMÉLIE, *un peu troublée.* Lui!

DE CLAIRVILLE. Tu rougis?... cette émotion est sans doute d'un bon augure.

AMÉLIE. Mon père!... (*M. de Saint-Val entre.*)

SCÈNE XIV.

LES PRÉCÉDENTS, SAINT-VAL.

(*Il s'avance avec un peu de gravité, et salue profondément Amélie qui lui rend une semblable révérence.*)

SAINT-VAL. Je viens solliciter, Mademoiselle, la permission de vous importuner peut-être de ma visite. A peine ai-je pu, à notre arrivée, vous saluer, vous apercevoir, et vous présenter cérémonieusement mon respect. Dans le but qui m'amène, c'est trop peu; et vous devez comprendre que, si près d'engager sa vie, il est permis de souhaiter un plus long entretien.

JOSÉPHINE, *à part.* C'est assez juste.

DE CLAIRVILLE, *à part.* Je le comprends.

AMÉLIE. Mon père et moi, nous vous attendions, monsieur le baron.

JOSÉPHINE, *à part.* Bien!

DE CLAIRVILLE, *à Saint-Val.* Mon ami, on se permet à la campagne d'en agir sans façons; c'est, je crois, votre désir. Quelques soins me réclament, je vous laisse avec ma fille.

SAINT-VAL. Comte, je vous remercie.

JOSÉPHINE, *à part.* On comprend ce que parler veut dire. (*Haut.*) Mademoiselle, je vais emporter cela.

DE CLAIRVILLE, *bas à sa fille, en souriant.* Tu n'éviteras pas la déclaration. (*Haut.*) Au revoir, baron. (*Saint-Val salue sans parler. Joséphine et les femmes de chambre sortent par la seconde porte du côté droit, le comte par le jardin.*)

SCÈNE XV.

AMÉLIE, SAINT-VAL.

SAINT-VAL, *après un silence et avoir vu fermer les portes.* On nous laisse, Mademoiselle... c'était mon désir... j'étais impatient de me trouver seul avec vous.

AMÉLIE, *un peu troublée.* Seul?

SAINT-VAL. Rien d'indiscret ni d'offensant ne me dicte ces paroles; gardez-vous de mal juger mes sentiments et mon cœur. J'ai besoin, au contraire, de vous donner des preuves de mon respect, de ma profonde estime; et dans la position délicate et peu commune où nous nous trouvons, la meilleure et la plus sûre, selon moi, est une extrême franchise... Est-ce aussi votre avis?

AMÉLIE, *troublée.* Sans doute.

SAINT-VAL. Tant mieux; car ce n'est pas seulement un tort, en mariage, c'est une folie de se tromper.

AMÉLIE, *à part.* Ciel!

SAINT-VAL. Votre trouble, chaque fois que je vous ai vue... surtout dans ce moment... et, si je ne me trompe, des traces de larmes que j'ai surprises à mon arrivée... je ne suis indiscret que par délicatesse... me confirment dans l'opinion que cet entretien est indispensable; que notre bonheur ou nos regrets à tous deux en dépendent, et j'espère que vous m'approuverez quand vous aurez daigné m'entendre.

AMÉLIE, *cachant à peine son trouble.* Je n'en doute pas, Monsieur.

SAINT-VAL. Vous êtes émue, Mademoiselle... hélas! puissé-je n'en pas deviner la cause!

AMÉLIE, *avec une crainte plus vive.* Monsieur!..

SAINT-VAL, *avançant un fauteuil.* De grâce, asseyez-vous. (*Il prend la main d'Amélie pour la faire asseoir.*) Votre main tremble... je ne suis pas non plus sans quelque effroi. (*Amélie s'assied. Saint-Val avance un second fauteuil et s'assied près d'elle.*) Veuillez m'écouter avec confiance, et me répondre... avec sincérité.

AMÉLIE, *très-inquiète.* Mais, Monsieur... de quel droit...

SAINT-VAL. Vous interroger, n'est-ce pas? la réponse est facile. Du droit qu'un honnête homme a toujours de sacrifier ses désirs, ses espérances, son bonheur, à une femme qui mérite autant que vous son respect et son estime... avant de parler de son amour.

AMÉLIE, *après l'avoir regardé avec inquiétude.* Je ne vous comprends pas.

SAINT-VAL. Cela se peut, je vais m'expliquer; et, s'il le faut, n'hésitez pas à détruire sans scrupule le seul plan de bonheur que je me sois tracé depuis seize ans. (*Amélie tressaille.*) Ne me trompez pas.

AMÉLIE, *avec crainte.* Seize ans?

SAINT-VAL. Ne vous arrêtez point à ce mot, ce terme de seize ans se rapporte à un souvenir... étranger à ce qui vous regarde.

AMÉLIE, *avec défiance et avec un sourire forcé.* Ah!..

SAINT-VAL. Venons au fait. Une affaire d'argent, c'est le mot, nous a fortuitement rapprochés. Nous nous sommes vus trois fois : celle-ci est la quatrième; et chaque fois tout au plus quelques minutes. Nos entretiens se sont bornés à quelques phrases polies, banales... comment vous portez-vous? la pluie ou le beau temps... et mes regards n'en ont pu dire beaucoup plus, car les vôtres étaient toujours baissés. Ce n'est pas là faire connaissance, se comprendre, lire son sort dans une autre âme; et se marier sans autre garantie, unir sans retour deux cœurs, deux existences, sur un si fugitif aperçu, c'est bien hardi!.. pardon...

AMÉLIE. Cela est vrai.

SAINT-VAL. Je serai franc. Dès la première fois, dès le premier instant où je vous vis, c'était chez monsieur votre père, dans son cabinet... je ne vous exprimerai jamais bien l'émotion que je ressentis... vous êtes belle, bien d'autres femmes le sont... mais ce n'était pas cela; j'éprouvai... un plaisir, une peine, un trouble, qui venaient d'un autre charme... c'était comme un bonheur qui ressemblait à la réalité d'un souhait ou d'un rêve accompli; enfin, vous me parûtes celle... (*Revenant à lui et changeant de ton.*) Pardon, Mademoiselle, ce n'est pas encore de cela qu'il s'agit; je vous en reparlerai peut-être plus tard, si mon étoile le permet... Quant à moi, j'ignore encore de quelle espèce est l'impression que j'ai produite sur votre cœur, et, dans tous les cas, mon amour-propre n'a pas à s'en flatter beaucoup, car vous parûtes toujours impatiente d'éviter mes regards et d'abréger nos entrevues.

AMÉLIE, *avec un peu d'empressement.* Ce n'était pas mon intention... mais j'avais à peine l'honneur de vous connaître, et mon embarras...

SAINT-VAL. J'y ai songé, je me le suis dit. Mais je n'ai point reçu depuis un accueil plus encourageant... excepté aujourd'hui, à notre arrivée; il faut être juste; au moins vous m'avez salué sans détourner la tête. (*Amélie sourit un peu comme malgré elle.*) C'est peut-être un commencement; je ne demande pas mieux que de l'espérer. Mais tout cela, Mademoiselle, ce n'est pas de l'amour, pas même de l'amitié; et cependant nous allons nous marier.

AMÉLIE, *avec douceur.* Je ne sais, Monsieur, comment répondre à de pareils reproches.

SAINT-VAL. Des reproches!

AMÉLIE, *avec grâce.* Je ne m'en plaindrais pas.

SAINT-VAL. Ils seraient injustes! quand vous ne m'aimeriez pas, êtes-vous forcée de m'adorer?.. Mais, moi, moi, Mademoiselle, j'en mériterais d'amers, d'éternels, de ma conscience et de vos larmes, si j'abusais d'un malheur... et peut-être de votre soumission, pour vous imposer la plus cruelle des chaines, celle qui vous lierait pour jamais à un homme que votre cœur repousserait.

AMÉLIE, *avec vivacité.* Vous ne le pouvez croire.

SAINT-VAL. Mais... si je l'avais deviné?

AMÉLIE, *en avançant un peu vite la main.* Vous vous seriez trompé.

SAINT-VAL, *prenant sa main.* Ciel! Amélie... ce regard, me permettrez-vous de l'interpréter?

AMÉLIE, *se levant avec un peu d'embarras.* Sans doute.

SAINT-VAL. L'ai-je entendu! Mademoiselle, vous venez de combler mon cœur.

AMÉLIE, *très-attendrie.* Vous accablez le mien, Monsieur... plus on vous connaît, plus on vous entend... Ah! vous méritez mieux!

SAINT-VAL. Si vous pouvez seulement me souffrir... Je ne suis pas exigeant, je n'ai pas le droit de l'être. (*Amélie fait un mouvement comme pour le démentir.*) Eh non! que diable! non! je ne suis pas généreux... puisque je vous aime... et puis, vous ne savez pas... (*Avec un air de confidence.*) il m'a semblé, d'abord, que nous étions faits l'un pour l'autre.

AMÉLIE. Comment?

SAINT-VAL. Oui, car nous avons eu la même pensee; nous avions fait le même vœu... vous ne vouliez pas vous marier... ni moi non plus; je me l'étais promis.

AMÉLIE. Vous?..

SAINT-VAL. Non par mépris pour votre sexe, loin de là... Si vous êtes la première femme qui m'ait inspiré de l'amour, vous n'êtes pas la seule à qui j'aie dû mon admiration.

AMÉLIE. Cela est flatteur dans votre bouche... (Avec inquiétude.) Mais pourquoi donc?..

SAINT-VAL. Oh!.. en punition... d'un tort de jeunesse... (Amélie confuse se détourne un peu.) Votre motif à vous était noble et délicat... la probité de votre père... et vous rougissez! ne parlons point de cela. Amélie, je vous aime; j'attends de vous le bonheur que je n'espérais plus. J'ai passé l'âge où l'on se joue de l'amour, où l'on trompe les femmes; mes paroles sont réfléchies, sérieuses, on peut y croire... Amélie, puis-je vous rendre heureuse? Vous pleurez... n'acceptez pas ma main, si vous me haïssez. Je contraindrai votre père à garder...

AMÉLIE, avec vivacité. Il en mourrait!

SAINT-VAL. Est-ce là votre seule réponse?

AMÉLIE. Je vous admire!

SAINT-VAL. M'aimerez-vous... seulement d'amitié?

AMÉLIE. Autant que mon père! autant que mon cœur puisse aimer...

SAINT-VAL, à ses genoux et baisant ses mains. Ah! ciel!... Amélie... (Après un court instant d'oubli, Amélie retire sa main que Saint-Val baise avec transport, et fuit précipitamment. Elle sort par la seconde porte du côté droit. Saint-Val; demeuré à genoux, la suit des yeux.)

SCÈNE XVI.

SAINT-VAL, seul.

(Il ne se relève qu'un instant après qu'elle a disparu.)

Elle fuit! c'est encore un aveu. Charmante, charmante!.. Ai-je bien compris ce cœur délicat? Oui, oui, Amélie m'aimera et je connaîtrai le bonheur! Je lui demandais un aveu. J'avais tort! le sort de son père est dans mes mains: par fierté elle ne m'en devait pas; c'était à moi de prier, et cependant... Ah! qu'il y avait de charmes dans son regard, dans le son de sa voix, dans ses larmes, quand elle a fui!.. (Pendant les derniers mots, la porte du fond s'est ouverte tout doucement, et Christophe se montre.)

SCÈNE XVII.

SAINT-VAL, CHRISTOPHE.

CHRISTOPHE. Ma colonel!

SAINT-VAL, surpris. Hein?

CHRISTOPHE. Ce l'y être moi, ma colonel.

SAINT-VAL. Ah! c'est toi, Christophe? tu peux entrer.

CHRISTOPHE. Je savre pien.

SAINT-VAL. Comment?

CHRISTOPHE. Je l'avre été beaugoup dans l'inguiétude parc'que ma colonel il étai en affaire avec la témoicelle tout seule, et che moi terrière la borte.

SAINT-VAL, souriant. Je te remercie; pourquoi?

CHRISTOPHE. Terteiffle! parc' que ma colonel il avre dit à moi: Christophe, che l'avre mouvaise espérance dans l'hyménée, je attaqué tout d' suite, et si je l'être pas contente de la témoicelle Hamélie, à chival et bartir.

SAINT-VAL. Eh bien?

CHRISTOPHE. Eh pien, la bataille il avre eu lieu, et ché viendre temander s'il falloir seller la chival.

SAINT-VAL. C'est juste. (Christophe, par son mouvement, demande s'il faut aller seller les chevaux. Saint-Val par un signe de tête, en souriant, lui répond que non.)

CHRISTOPHE, prenant une figure joyeuse. Nein? (Avec un gros rire.) Ah! ah! ah! terteiffle! ma colonel il y être fingueur!

SAINT-VAL. Je l'espère, mon bon Christophe, je le crois, je me marie.

CHRISTOPHE, avec le même rire. Ah! ah! ah! ma colonel zé marie! j'avre la gueur toute choyeuse que ma colonel il y avre rénonzé à la feufache.

SAINT-VAL. Oui, mon ami, mon sort va changer; cet isolement qui m'accablait, cette vie solitaire, égoïste, va faire place aux plus douces habitudes, aux plus chères affections. J'aurai un ménage, une épouse, des enfants peut-être...

CHRISTOPHE, avec le même rire. Ah! ah! ah! terteiffle! (S'essuyant les yeux avec la main.) J'en bleure.

SAINT-VAL. Tu te marieras aussi, Christophe.

CHRISTOPHE, la main au schako, d'un air consterné. Ya, ma colonel.

SAINT-VAL. Et nous serons heureux.

CHRISTOPHE, du ton le plus triste. Nous l' zerons, ma colonel.

SAINT-VAL. Mais moi, Christophe, je l'aurai moins mérité que tout autre.

CHRISTOPHE. Si fait, ma colonel; vous l'y être un homme parfait.

SAINT-VAL. Ne dis pas cela, ta conscience te démentirait.

CHRISTOPHE. Nein! vous l'y avre commis qu'un faute, et le blus sache il pécher sepic fois dans la même jour.

SAINT-VAL. Une faute? dis un crime, une action aussi lâche, aussi infâme qu'un assassinat!

CHRISTOPHE. Ma colonel il y être trop séfère.

SAINT-VAL. Non, Christophe; pour mon malheur, jamais ce souvenir ne s'effacera complétement; et c'est surtout lorsque je vois une femme estimable et belle qu'il se retrace avec plus d'amertume. Oui, Christophe, l'action qui peut causer le déshonneur d'une famille, quelquefois la mort d'une victime, cette action-là est un crime! On a beau s'étourdir, la conscience en est là! et il ne faut qu'une pareille faute pour flétrir toute la vie d'un homme. Oui, sa gloire en est ternie, il ne reconnaît plus son propre cœur; je l'ai senti. Tu m'as vu cent fois au milieu de la mitraille?

CHRISTOPHE. Ya, ma colonel.

SAINT-VAL. Eh bien! le croiras-tu? après cet acte infâme, je n'ai plus retrouvé mon courage ordinaire, celui du moindre soldat; je m'étais déshonoré, j'ai eu peur.

CHRISTOPHE. Nein, vous l'avre pas eu peur.

SAINT-VAL. Je te dis que si.

CHRISTOPHE. Nein, ma colonel il avre jamais eu peur.

SAINT-VAL. Mais, morbleu!

CHRISTOPHE. Terteiffle! z'être faux; ma colonel avoir peur! z'être comme dire à moi que mon maîtresse il y être infidèle; ché couper toute suite les oreilles. (Saint-Val sourit, lui tend la main, et serre la sienne.) Vous l'y avre pas eu peur; ma colonel il avre pien longtemps expié la petite malheur, et c'être pas son faute s'il avre pas pu réparer la domache.

SAINT-VAL. C'est vrai, je n'ai pu retrouver cette infortunée. D'ailleurs, cet anneau d'or que, malgré mon délire, je retirai de son doigt, m'apprit assez que je n'aurais pas eu le pouvoir de réparer mon crime. Une alliance... elle était donc mariée! (Il regarde un anneau qu'il porte à la main.)

CHRISTOPHE. Ma colonel il doivre plus parler de za izi.

SAINT-VAL. Tu as raison.

CHRISTOPHE. S'être oublier, et ché penser qu'il falloir cheter la bague.

SAINT-VAL. Oui, demain. (Le jour a baissé.)

CHRISTOPHE. Gu'est-ce gue j'entendre? (Bruit éloigné. Musique très-douce et continue. Les portes s'ouvrent; M. de Clairville entre, des domestiques le suivent apportant des lumières qu'ils posent sur les meubles, et ils préparent le salon pour la cérémonie qui va suivre.)

SCÈNE XVIII.

LES PRÉCÉDENTS, et successivement M. DE CLAIRVILLE, LA SOCIÉTÉ, LE NOTAIRE, et ensuite AMÉLIE et JOSÉPHINE.

(Le salon est éclairé aux bougies, et la table préparée pour la signature du contrat. L'harmonie continue très-piano et sans interruption pendant toute la cérémonie de la signature du contrat, et ne cesse qu'au moment où le notaire et toute l'assemblée se lèvent.)

DE CLAIRVILLE. Mon cher baron, je quitte Amélie. Autant que l'œil d'un père puisse lire dans le cœur de sa fille, je crois vos vœux et les miens également réalisés.

SAINT-VAL. Cette assurance, monsieur le comte, change mon espoir en bonheur.

DE CLAIRVILLE. Je vous annonce en même temps nos témoins et nos convives; veuillez les recevoir; je vais chercher ma fille. (Il passe dans la salle voisine.)

SAINT-VAL, à lui-même. Oui, tout dans cette femme aimable respire la vertu; elle doit faire le bonheur d'un honnête homme. (Les valets annoncent successivement les personnes qui entrent et que Saint-Val reçoit. Toutes les entrées et les jeux de scène sont muets. Ils s'exécutent sur la musique. Quand toute la société est réunie, un valet annonce: « Mademoiselle de Clairville. » Son père l'amène; Saint-Val se hâte de lui offrir la main et la conduit à son siége. Tout le monde s'assied. Le comte est debout près de la table du notaire.)

DE CLAIRVILLE, au notaire. Toutes les clauses vous ont été dictées, Monsieur; et rien, je crois, n'est changé dans nos dispositions.

LE NOTAIRE. En ce cas, Messieurs et Mademoiselle, tout est prêt, l'acte est en règle, il n'attend que vos signatures; à vous d'abord, monsieur de Saint-Val.

CHRISTOPHE, bas. Gourache, ma colonel. (Saint-Val va signer avec empressement.)

JOSÉPHINE, à Amélie. Ne tremblez donc pas ainsi, Mademoiselle.

LE NOTAIRE. A la future. (Monsieur de Clairville va chercher Amélie, à laquelle Saint-Val présente la plume. Elle signe.)

CHRISTOPHE, à part. Z'être fait!

JOSÉPHINE, de même. Elle est baronne! (Saint-Val ramène Amélie à sa place.)

LE NOTAIRE. Au père et aux témoins.

SAINT-VAL, en conduisant Amélie. Vous avez signé mon bonheur. (Le comte et les témoins signent; Saint-Val est retourné à sa place. Amélie, qui retient ses larmes, essuie ses yeux.)

JOSÉPHINE, bas à Amélie. Des larmes!

AMÉLIE. Paix donc!

CHRISTOPHE, au colonel. Bravo! ma colonel.

SAINT-VAL, amicalement. Chut! (Tout le monde a signé.)

LE NOTAIRE. Tout est terminé. (Tout le monde se lève; le comte se trouve alors entre Amélie à sa droite et Saint-Val à sa gauche. La musique cesse seulement ici.)

DE CLAIRVILLE. La joie d'un père est le présage du bonheur de ses enfants. Saint-Val, je vous dois beaucoup; mais je ne crois pas vous donner moins; chaque jour vous l'apprendra.

SAINT-VAL. Amélie, il est des instants où le cœur n'a plus de paroles.

UN VALET, annonçant. Monsieur le comte est servi.

DE CLAIRVILLE. Saint-Val, conduisez votre femme. Offrez la main, Messieurs. (Les messieurs offrent la main aux dames, et la société quitte le salon. Les valets emportent les lumières, à l'exception d'un ou deux flambeaux. Le salon est demeuré vide, et il n'y reste plus qu'une faible clarté. On entend toujours et continuellement, jusqu'à la fin de la sortie, l'harmonie très-douce d'une musique éloignée. Après un court instant, Amélie revient seule avec agitation.)

SCÈNE XIX.

AMÉLIE, et peu après GÉROME et FÉLIX.

AMÉLIE. Voilà l'instant... mon Dieu! donnez-moi du courage... (Elle ouvre et pousse la première porte du côté droit.) Gérôme! venez!.. (Elle se retourne vite.) On ne me suit pas... une minute pour un pareil adieu!.. allons! (Elle court à un meuble, en tire une bourse de soie, une lettre, une petite boîte à bijoux, et pose le tout sur la table en s'écriant:) Pauvre enfant! le voilà donc banni! (Pendant ce qui vient de se passer, Gérôme est entré tout doucement.)

GÉROME, bas. Vous nous appelez?

AMÉLIE. Oui. (Gérôme, tendant la main à Félix, le fait entrer. Amélie lui tend les bras.) Ah! (Félix court dans les bras de sa mère.)

GÉROME. Silence!

AMÉLIE, embrassant son fils. Mon Félix! mon fils!..

FÉLIX. Maman!..

GÉROME. Allons, Mademoiselle, on vous attend.

AMÉLIE, continuant d'embrasser son fils. Ce n'est pas pour toujours, mon enfant! (S'arrachant ensuite à ses embrassements.) Gérôme... tenez!.. (Elle lui donne les objets qu'elle a réunis sur la table.) Cet écrit... ce sont les instructions d'une mère à son fils.

GÉROME. Nous les suivrons.

AMÉLIE. Un peu d'or pour le voyage; j'en enverrai...

GÉROME. Oui, oui.

AMÉLIE. En attendant, si vous aviez besoin... quelques bijoux... vous les vendrez...

GEROME. Des diamants!

AMÉLIE. J'en ai bien assez!.. attendez!.. (Elle ôte précipitamment ses boucles d'oreilles et les ajoute aux diamants qui sont dans la boîte.)

GÉROME. Que faites-vous?

AMÉLIE. Ceux-là viennent de ma mère.

FÉLIX. Oh! je les garderai, maman!

AMÉLIE, ayant tout mis entre les mains de Gérôme, et s'abandonnant à un mouvement de désespoir, cache sa figure dans ses deux mains.) Ah! ciel! (Elle pleure.)

JOSÉPHINE, au dehors. Mademoiselle Amélie! Mademoiselle!.. (En même temps l'harmonie douce et lointaine reprend.)

AMÉLIE, revenant à elle. Ah!

FÉLIX. On t'appelle.

AMÉLIE, saisissant Félix. Non, je ne le veux plus!

GÉROME. Il le faut.

FÉLIX. Allons, maman, du courage!.. adieu!.. (Se séparant d'elle tout doucement, et tendant la main à Gérôme.) Adieu!

AMÉLIE, au moment où il va s'éloigner. Encore une fois, mon fils! (Elle l'enveloppe de ses bras, l'étreint sur son cœur et demeure les lèvres appuyées sur son front.)

ACTE DEUXIÈME.

Un bois couvrant un site agreste. — Au fond, de l'eau courante et un précipice, entre des rochers élevés. Ces rochers sont unis par un pont de bois.—En avant, sur la droite, un vieil arbre et quelques pierres à l'entour. — Vers l'autre côté, un petit banc naturel de gazon entouré d'arbustes. — Il fait nuit et clair de lune. — Neuf heures du soir.

SCÈNE PREMIÈRE.

CHAMBORD, LOUPY, BORAH, PIERRETTE.

(Chambord et les deux mendiants sont assis sur les pierres, au pied du gros arbre; Pierrette dort étendue par terre: ils se chauffent à un feu de branches allumées devant eux. La vieille Borah tient un petit enfant au maillot. Une espèce de bout de sac, fermé par une corde, est aux pieds de Chambord. Le mendiant Loupy porte besace et bâton, Chambord, une grosse canne; Pierrette a un vieux panier à faire de l'herbe.)

CHAMBORD, fumant un cigare. Que le diable étrangle ce petit drôle de Rouget! trois heures avec ses jambes de lièvre pour aller à Pré-Saint-Pol et revenir!

BORAH. Dame! y a loin.

CHAMBORD. Vieille sotte! endors ton mioche... si le gaillard avait des lapins bleus à ses trousses, il ne trouverait pas le chemin si long. (Regardant l'enfant que berce Borah.) Où diable as-tu pris ce marmot-là? tu ne l'avais pas dimanche.

BORAH, riant. Ah! ah! c'est une petite fille; ça apprendra à sa mère à laisser sa porte ouverte quand elle va aux champs.

LOUPY. Elle l'a volée... (Grelottant.) brrr...

CHAMBORD. L'autre poltron qui grelotte!

LOUPY. C'est que la lune est fraîche dans le bois.

CHAMBORD. Il fait un temps superbe... Est-ce que tu as l'habitude de coucher dans un lit, toi? passe pour moi qui ai vécu dans des palais et des vaisseaux. J'avoue pourtant qu'il fait plus chaud sur le lit de camp du bagne, entre deux camarades... Holà! petite! ça dort comme une marmotte.

BORAH, poussant du pied Pierrette qui dort étendue à terre. Pierrette, réponds donc à Monsieur, fainéante.

PIERRETTE, s'asseyant sur ses genoux. Oh! la! la! (Pleurant.) J'ai froid.

BORAH, levant la main pour la battre. J' te vas réchauffer!

LOUPY. Est-elle douce, c'te mère Borah!

BORAH. Mêlez-vous d' vos affaires. (A la petite.) Monsieur t' fait l'honneur de t' parler.

CHAMBORD. Va ramasser du bois, et entretiens-nous le feu.

BORAH, répétant. Va chercher du bois! (La petite, d'un air hébété, va ramasser des branches sèches, et les apporte dans le feu. La flamme se ranime.)

LOUPY. Ah çà, dites donc, monsieur Chambord, c'est un drôle d' métier tout de même que nous faisons là, d'aller brûler les meules, les fermes et les fabriques.

CHAMBORD. Qu'est-ce que cela te fait, pourvu qu'on te paye! ça t'empêche-t-il de mendier?

LOUPY. Bah! au contraire, ça me rapporte assez bien depuis qu' vous m'avez engagé. C'est, voyez-vous seulement, qu' je voudrais ben savoir un peu pourquoi qu' c'est faire.

CHAMBORD. Imbécile! c'est pour sauver la France.

LOUPY. Ah!.. qu'on la brûle?

CHAMBORD. Sans doute; elle est trop riche, ça fait tort au gouvernement, parce quand le peuple... Suis-je bête de lui expliquer ça! est-ce que tu entends quelque chose à la politique, toi?

BORAH. Y n'y entend rien.

LOUPY. Si fait qu' j'y entends.

CHAMBORD. Qu'est-ce que tu y entends?

LOUPY. Qu'y faut brûler.

CHAMBORD. Voilà ton affaire, le reste ne te regarde pas... Un exemple: je te dis à toi ou bien à un autre, c'est égal... Loupy!..

LOUPY. Présent!

CHAMBORD. Il y a là-bas une ferme. Voilà des boulettes; va! si c'est toi, tu demandes à coucher dans la grange...

LOUPY. Ou ben sous l'hangar.

CHAMBORD. Tu jettes la boulette dans la paille...

LOUPY. Et je file.

CHAMBORD. Si c'est elle...

BORAH. J' demande l'aumône.

CHAMBORD. La petite fait de l'herbe autour de la meule, crac!..

BORAH. Alle fourre la boulette sous l' chaume...

CHAMBORD. Et puis bonjour!.. Je vous donne dix francs à chacun; vous quittez le pays, et vous recommencez ailleurs.

BORAH. C'est bien simple!

LOUPY. Pardi! c'est facile.

CHAMBORD. Et lucratif.

LOUPY. Mais qui qui paye tout l' monde?

CHAMBORD, en colère. Monsieur Magnac, animal!

LOUPY. Eh ben, vive monsieur Magnac! (Un coup de sifflet se fait entendre dans le bois.)

TOUS. Chut!

LOUPY, se levant. L' signal.

CHAMBORD, de même. C'est Rouget. (Rouget accourt par la gauche, et se montre d'abord sur le pont.)

SCÈNE II.

LES PRÉCÉDENTS, ROUGET.

ROUGET, sur le pont. Ohé! les amis! c'est Rouget.

CHAMBORD. Arrive donc, paresseux! (Rouget descend et vient ensuite. Borah et la petite sont restées assises auprès du feu.)

ROUGET. J' vous conseille d' gronder! j'ai fait sept lieues d' pays d' puis la ferme aux Genêts, de c' côté-là, jusqu'à Pré-Saint-Pol, tout là bas, d'où j'arrive. Avez-vous là vot' gourde, monsieur Chambord? j' suis altéré comme tout.

CHAMBORD. Tiens... bois et parle; car le temps presse, mon garçon.

ROUGET, regardant la gourde. Et votre eau-de-vie aussi, monsieur Chambord.

LOUPY, qui a pris la gourde et la secoue. Vorace! (Il boit.)

ROUGET. Mais c'est égal, j'en apporte, des découvertes! des bonnes!

CHAMBORD. A la bonne heure! raconte-nous ça; où sont les poules?

LOUPY. Hein? qu'est-ce que c'est que ça?

CHAMBORD. Est-il novice, le vieux! il demande ce que c'est que les poules!..: va toujours.

ROUGET. A ferme aux Genêts, la plus belle grange du pays.

CHAMBORD. Le propriétaire?

ROUGET. Monsieur de Gerbaux, un 221.

CHAMBORD. Flambé.

ROUGET. On a fait la moisson, elle est rentrée; on danse ce soir, on dormira après.

CHAMBORD, à Loupy. Tu iras voir par là.

LOUPY. J'irai voir par là.

CHAMBORD. Après?

ROUGET. Sur le chemin de Pré-Saint-Paul, trois jolies meules.

CHAMBORD. C'est pour la vieille Borah, elle entend ça... Ah çà! mais, ce n'est pas tout, il s'agit d'y voir clair... quel temps fait-il?

ROUGET. Ah! quant à ça, monsieur Chambord, il y a du décompte; y fait beau à la ferme, mais y pleut à Pré-Saint-Pol.

BORAH, qui écoute. Comment, y pleut?

CHAMBORD. Tais-toi, vieille! ça veut dire des gendarmes.

LOUPY. Du fer de cheval.

BORAH. Malin! je l' sais.

ROUGET. J'ai bu avec l' brigadier; y vont c'te nuit à la ville, y passeront devant la ferme.

CHAMBORD. Diable!

LOUPY. Ajourné.

CHAMBORD. Attendez! non. (Montrant le pont.) Ils doivent passer par là?

ROUGET. Sans doute, il y aurait trop loin pour eux par le sentier. (Il le montre à droite.)

CHAMBORD. Bon! je les arrête ici! un coup de main, mes enfants, et je vous garantis qu'ils n'iront pas cette nuit à la ferme aux Genêts.

LOUPY. Par queu moyen?

CHAMBORD. Le pont est vieux, il branle, le bois est pourri; jetons-le dans l'eau, ils ne passeront pas.

ROUGET. Bien trouvé!

LOUPY. Cassons le pont!

ROUGET. Avec quoi?.. et des cognées?

LOUPY. Des cognées pour abattre l' pont?

CHAMBORD. J'ai mieux que ça! vous savez que j'étais horloger.

LOUPY ET ROUGET. Oui.

CHAMBORD. Oui; mais pour le quart d'heure, et pour changer, à présent je suis compagnon menuisier; j'ai mon livret dans ma poche, et mes outils et ma scie dans mon sac.

ROUGET. La scie!

LOUPY. Au sac! (On prend le sac; on l'ouvre; on choisit les instruments.)

ROUGET. Moi, je prends ça. (C'est un ciseau et un marteau.)

LOUPY. Moi, la varlope.

CHAMBORD, revenant du fond. Encore une idée... bien meilleure!... Contentons-nous de scier les supports d'un des côtés; le pont restera en l'air comme si de rien n'était; les lapins bleus voudront passer, et crac dans le gouffre... Ils n'iront jamais dire qui les aura envoyés là.

ROUGET. Fameux!

LOUPY. Enfoncé les gendarmes!

CHAMBORD. A l'ouvrage!

LOUPY ET ROUGET. A l'ouvrage!

CHAMBORD. Borah, fais le guet!

BORAH, à la petite. Pierrette, regarde par là. (Elle se met aux aguets d'un côté, la petite de l'autre; Rouget monte sur le tertre; Loupy gagne le haut du pont, se préparant à scier; Chambord reste au milieu, dirigeant tout.)

CHAMBORD. Allons, vieux madré, tire droit et ferme!

LOUPY, se mettant à scier. Un bon trait là!.. hein! hein! ça sera bientôt fait.

CHAMBORD, à Borah et à Rouget, qui guettent l'une en bas, l'autre en haut. Attention, vous autres! vient-il quelqu'un?

BORAH, PIERRETTE ET ROUGET, l'un après l'autre. Non! — non! — non!

LOUPY, ôtant sa scie. Et d'un!

CHAMBORD. A l'autre! il ne faut pas s'endormir. (Loupy attaque le second support du même côté.)

ROUGET, d'en haut. Ça va-t-il toujours bien?

LOUPY, sciant. Comme un charme, mon p'tit Rouget; ça entre comme dans du beurre.

BORAH. Dépêchez-vous, dépêchez-vous!

CHAMBORD. Vois-tu quelque chose?

BORAH. J' crois qu' oui... ben loin dans les genêts.

LOUPY, sciant. Vite! vite!

CHAMBORD, à Rouget. Va voir, la vieille est louche. Rouget descend vite et court rejoindre Borah; Loupy s'arrête, tout le monde écoute.) Eh bien?

ROUGET, à Borah. Qu'est-ce que tu vois?

CHAMBORD. Est-ce des chapeaux bordés?

BORAH. Je n' vois plus rien.

ROUGET. A n' voit plus rien.

CHAMBORD. La vieille sotte!.. enlève ça, Loupy.

LOUPY, se remettant à l'ouvrage et donnant de grands coups de scie. Hem! hem!... et d' deux.

CHAMBORD. C'est fait! vienne qui voudra maintenant, je m'en moque, et gare à qui passera là-dessus! la culbute sera fameuse! Montrant le précipice à Loupy et à Rouget, qui l'ont rejoint.) Regardez là-dedans.

LOUPY. Jarnicoton! c'est comme l' trou de l'enfer! (Ils reviennent en scène; Borah est allée reprendre sa place.)

CHAMBORD, à Rouget. Remets tout cela dans le sac. (A Borah.) Et ce que tu voyais, toi?

BORAH. C'était rien.

LOUPY. Queuqu' lièvres dans les genêts.

CHAMBORD. Hum! si c'était ta fille, tu la battrais!.. A présent, mes enfants, à l'ordre, à la paye, et en route. (Il s'assied; les gueux se rangent devant lui.) Que chacun réponde à son tour, et pas de confusion. (Il tire de ses poches une bourse de cuir et une boîte de fer-blanc.) Loupy!

LOUPY. Présent!

CHAMBORD, tirant et donnant alternativement de l'argent de la bourse et des boulettes de la boîte. Cinq francs... deux boulettes... à la ferme aux Genêts... A un autre : Borah!

BORAH. Me v'là!

CHAMBORD. Trois francs... cinquante centimes pour la petite... trois boulettes... sur le chemin de Pré-Saint-Pol... A un autre : Rouget!

ROUGET. Monsieur Chambord?

CHAMBORD, serrant sa boîte et sa bourse. Tu viendras avec moi, toi; prends mon sac.

LOUPY, à part. C'est le préféré, celui-là.

BORAH, à part, comptant son argent. Hum!.. trois livres dix sous... c' n'est pas l' Pérou.

CHAMBORD, passant au milieu. Qu'est-ce que tu dis?

BORAH. Votre servante, monsieur Chambord.

CHAMBORD. A la bonne heure... Ah çà! maugrebleu! que je ne reçoive pas de plaintes de vous; qu'un chacun fasse son affaire honnêtement, en conscience... ou destitué : vous entendez? pas de gueuseries en route, pas de voleries dans les fermes, ça vous ferait arrêter, et ça dérangerait nos affaires. Souvenez-vous que ce que vous faites c'est pour le bien de la chose, et n'oubliez pas que vous êtes tous des employés de M. Magnac!

TOUS, l'un après l'autre et diversement. Vive M. Magnac!

LOUPY, bas à Rouget. L' connais-tu, toi?

ROUGET. C'te bêtise!

CHAMBORD. En chemin! (Du geste, il indique à chacun sa route. Loupy sort par un sentier à droite, Chambord et Rouget s'en vont par un sentier à gauche plus éloigné. Borah et Pierrette sont demeurées les dernières.)

SCÈNE III.

BORAH, PIERRETTE.

(Le feu est éteint depuis longtemps.)

BORAH, revenant en grommelant. C'est ça! des sottises, queuqu'-fois des coups. Est-y dur! seigneur Dieu, est-y dur, c't' homme-là!

PIERRETTE, la tirant par sa jupe. Viens donc!

BORAH. Veux-tu me laisser! faut que j' remmaillotte c'te p'tite... a n' souffle pas un brin; j' crois qu'elle est engourdie par le froid. Va ramasser ton panier. (Elle s'assied sur le tertre à gauche et arrange son enfant.) Hum! brûler trois meules pour trois livres dix sous... c'est d' l'argent ben gagné! Si n'y avait pas d'autres profits... (Pendant que Borah est occupée, on voit venir par un sentier à gauche Gérôme et Félix. Gérôme s'appuie sur son bâton et porte une carnassière. Le jeune homme a sur l'épaule un petit paquet dans un mouchoir suspendu à une branche d'arbre.)

SCÈNE IV.

LES PRÉCÉDENTES, GÊROME, FÉLIX.

(Gérôme et Félix, après avoir fait quelques pas, s'arrêtent au fond.

FÉLIX. Eh bien! bon ami, reconnais-tu ton chemin?

GÉROME. Je crois qu' oui; attends là un moment, je vais m'orienter. (Il regarde les divers chemins, Félix descend la scène.)

BORAH, s'accroupissant sur le tertre. Qu'est-ce que je vois là? tiens! deux voyageurs!

PIERRETTE, qui les a vus. Mère...

BORAH. Tais-toi. (Elle la fait accroupir à côté d'elle.) Ça doit être ceux que j'avions vus dans les genêts.

FÉLIX, regardant le ciel. Il est déjà tard. Que fait-on maintenant au château? Maman ne me dira plus bonsoir.

BORAH, qui les a observés. C'est un vieux et un jeune.

GÉROME, qui est revenu. Je ne m'étais pas trompé, mon cher Félix; en traversant cette pièce de genêts, nous avons abrégé d'une grande lieue. Voilà le chemin de la ferme où nous passerons la nuit. Demain, de bonne heure, nous serons à la ville, où déjà nos effets seront arrivés, et nous y prendrons la voiture de Paris.

FÉLIX, s'essuyant les yeux. Comme tu voudras, bon ami.

GÉROME. Mon cher enfant, si tu pleures toujours, qui me donnera du courage?

FÉLIX. Moi. (Il lui prend les mains et Gérôme le serre dans ses bras.)

BORAH. Ça n'a pas l'air pauvre : ça donnera p't-êt'e queu'-chose. Pierrette, va leu z'y demander.

PIERRETTE. J'ai peur.

BORAH. Veux-tu aller, ou j' te tape.

GÉROME. Tu vois que le ciel nous favorise; la nuit est superbe : allons, Félix! (Dans ce moment la petite s'approche la main tendue.)

PIERRETTE. La charité, mes bons Messieurs, pour ma pauvre mère, s'il vous plaît.

FÉLIX. Dieu! Gérôme, comme elle est malheureuse!

GÉROME. C'est une petite mendiante; cela ne vaut peut-être rien. Allez, allez, petite.

FÉLIX, apercevant Borah. Oh! bon ami, elle a une mère, vois-tu? la pauvre femme! encore un petit enfant! (Pendant ce qui suit, Pierrette fait signe à Borah qu'on ne veut point lui donner; celle-ci menace la petite.

GÉROME. Mon ami, je me défie des mendiants de grands chemins; ce sont presque toujours des bandes de voleurs, et ces vieilles femmes leurs espionnes.

FÉLIX. Oh! si tu te trompais... Permets-moi de lui faire la charité.

GÉROME. Moi, te le défendre! jamais, mon ami : donne plutôt à qui ne le mérite pas.

BORAH, qui s'approche et tend la main. Pour l'amour de Dieu, mes bons Messieurs...

FÉLIX, ayant tiré sa bourse et cherchant de la monnaie. Tenez, voilà pour vous, pour votre fille et pour votre enfant.

BORAH. Merci, mon jeune Monsieur. (A part.) Tout ça!

FÉLIX. Dites-moi, combien y a-t-il encore jusqu'à la ferme aux Genêts?

BORAH. A la ferme? une demi-lieue, mon brave Monsieur.

FÉLIX, se retournant vers Gérôme. Il n'y a plus qu'une demi-lieue, bon ami, nous avons bien le temps.

BORAH. Une bourse pleine d'or! et ils vont à la ferme!... Faut que j' cours après Loupy, c'est p't-êt'e un coup à faire. (A la petite.) Viens-t'en vite. Que le bon Dieu vous bénisse, mes généreux Messieurs!

FÉLIX. Allez, pauvre mère.

BORAH. Qu'il vous préserve de tout malheur. (A la petite.) Viens-t'en! Viens-t'en! (Elles s'en vont précipitamment par le même sentier que Loupy a suivi.)

SCÈNE V.

FÉLIX, GÉROME.

FÉLIX. Vois-tu comme elle est contente? On a raison de le dire, une bonne action console et donne du courage; je sens mon cœur un peu soulagé.

GÉROME. On dit aussi que cela porte bonheur. Continuons notre voyage; voilà le chemin que nous devons suivre.

FÉLIX. Bon ami, il n'y a plus loin, et il fait si beau dans ce bois!.. tout à l'heure tu étais fatigué.

GÉROME. Veux-tu te reposer?

FÉLIX. Vois-tu, Gérôme, quand nous serons à la ferme, il y aura du monde autour de nous, nous ne serons plus seuls, nous ne pourrons plus parler de maman. Ici, sous ces arbres, la nuit, mon cœur est plus à l'aise, je pense mieux à elle; et j'ai tant de choses à te dire!

GÉROME. Eh bien! mon ami, il est encore de bonne heure, rien ne nous commande. (Regardant et montrant le banc de gazon.) Tiens, nous pouvons nous asseoir là; tu épancheras ton cœur dans le mien.

FÉLIX. Je te remercie, bon Gérôme : nous serons bien ici. (Il veut s'asseoir sur le tertre.)

GÉROME. Attends; j'ai aussi quelque chose à te proposer. Mon cher petit, j'ai remarqué que depuis ce matin tu n'as rien mangé.

FÉLIX, avec un soupir. Oh! je n'ai plus faim.

GÉROME. J'ai mis, pour toi, quelques fruits dans ma carnassière. Il faut être raisonnable; tiens, mange celui-ci.

FÉLIX. Pour te faire plaisir.

GÉROME. Oui, tout en causant.

FÉLIX. D'abord, dis-moi, bon ami, Paris est-il bien loin?

GÉROME. Quatre-vingts lieues.

FÉLIX. Oh! mon Dieu! si loin de maman! il faudra donc bien longtemps pour y arriver?

GÉROME. Deux jours.

FÉLIX. Que cela? et pourrais-je en revenir aussi vite, si maman me rappelait?

GÉROME. La même chose.

FÉLIX. Oh! alors il me semble que j'en serai moins loin; écoute, mon bon ami, je vais te dire mes projets.

GÉROME. Voyons les projets.

FÉLIX. Maman nous a donné beaucoup d'argent, et dans cette petite boîte... (Il la tire de sa poche.) tu dis toi-même qu'il y a des diamants pour plus de trois mille francs.

GÉROME. Je le pense; car je ne sais pas au juste le prix de pareilles choses. Mais tu regardes souvent cette boîte, prends garde de l'égarer.

FÉLIX. Oh! n'aie pas peur; je t'ai demandé à la garder parce que c'est un souvenir de maman. Avec tout cela, bon ami, nous sommes riches.

GÉROME. Et ta mère ne laissera pas tarir cette petite fortune.

FÉLIX. Écoute, bon ami, comme c'est toi qui disposeras de tout, parce que tu es mon gouverneur, il faudra que nous soyons bien économes. On dit que l'on dépense beaucoup à Paris; qu'il y a partout des spectacles, des bals, des fêtes. Ce n'est pas à cela que nous emploierons notre argent. Mon bon Gérôme, tu l'emploieras à me donner les maîtres les plus savants, tu m'enverras au meilleur collége, je suivrai tous les cours, je travaillerai sans relâche; on acquiert vite de la science à Paris, il y en a tant là! je veux devenir tout de suite un homme, et me faire avocat.

GÉROME. Tu veux être avocat? Et pourquoi cela plutôt qu'autre chose?

FÉLIX. Je vais te le dire : c'est, vois-tu, parce que, quand on est avocat, on plaide au Palais, on défend de belles causes; cela se met dans les journaux, et maman les reçoit, tu comprends. Maman verra mon nom dans les journaux, elle apprendra que son Félix devient un homme célèbre, qu'il est digne de son amitié, et elle en sera contente.

GÉROME, l'embrassant. Cher enfant!.. eh bien! tu as aussi deviné son désir : cela est écrit dans ses instructions.

FÉLIX. Y a-t-elle mis aussi que tu ne me quitteras jamais?

GÉROME. Oui; mais c'était inutile.

FÉLIX. Tu resteras toujours avec moi; eh bien! alors, mon bon ami, il faut que tu m'appelles ton fils, et je t'appellerai mon père.

GÉROME. Oui, mon Félix! mon fils! je l'espérais; et je demande à Dieu de m'accorder encore assez de jours pour te ser vir de père et voir se réaliser tes projets et les vœux de ta mère... Mais l'heure s'avance. (Il se lève. Félix le suit.) Il ne faut pas trop nous attarder; au village, on ferme de bonne heure; nous n'avons plus, heureusement, qu'une demi-lieue à faire : remettons-nous en chemin, mon fils.

FÉLIX. Oui, mon père.

GÉROME, voulant prendre le petit paquet. A mon tour, donne-moi cela.

FÉLIX. Non, tu es fatigué.

GÉROME. Mais...

FÉLIX. Du tout. Par où allons-nous?

GÉROME, montrant le pont. Par ce chemin; il faut passer le pont. Tu prendras garde, il est fort étroit.

FÉLIX. Je te donnerai la main.

GÉROME. Allons, mon fils.

FÉLIX. Allons, mon père. (Ils montent le chemin tournant et s'arrêtent vers le milieu.)

GÉROME. Vois, quel gouffre profond!

FÉLIX. Cela fait peur!

GÉROME. Quand tu seras sur le pont, ne regarde pas en bas; la tête te tournerait.

FÉLIX. Mon père, laisse-moi passer le premier.

GÉROME. Non, j'aime mieux que tu me suives. (Ils achèvent de monter; dans cet instant, Loupy et Borah, sans la petite ni l'enfant, reviennent précipitamment.)

SCÈNE VI.

LES MÊMES, LOUPY, BORAH.

(Gérôme et Félix sont en haut, près du pont; Loupy et Borah en scène.)

LOUPY, cherchant. Où sont-ils?

BORAH. Ils étaient là.

GÉROME. Marche bien sur mes pas.

FÉLIX. Oui, mon père.

BORAH, les montrant. Les v'là!

LOUPY. Jarni! n' passez pas! n' passez pas! (Gérôme a fait un pas sur le pont; le pont se brise et s'engloutit dans l'abîme avec le vieillard. Félix est resté sur le bord.)

BORAH ET LOUPY, ensemble, jetant un cri horrible. Ah!..

LOUPY. Il est d'dans!..

FÉLIX, éperdu. Mon père! ah! au secours! (Il redescend égaré, éperdu, et en criant.) Au secours! au secours! Mon père... (Tombant à deux genoux au milieu du théâtre.) Mon Dieu! du secours donc!.. (Il tombe à la renverse, évanoui. Loupy et Borah s'approchent aussitôt de lui et le regardent. Borah est accroupie devant le corps, et Loupy, penché sur son bâton, touche le front du jeune homme.— Le rideau baisse. — Le décor change.

SCÈNE VII.

(Le théâtre représente la grande cour de la ferme aux Genêts. Au fond, un mur de la hauteur de sept à huit pieds, percé au milieu par une petite croisée, fermée seulement par un volet de bois. A gauche, au fond, dans l'angle formé par le mur et le bâtiment de la ferme, la grande porte charretière, placée obliquement. Du même côté, jusqu'à l'avant-scène, la maison de la ferme. A droite, en face de la maison, depuis le seuil jusqu'au second plan, la grange, ayant une grande porte au milieu. Au premier plan, obliquement à la grange, un petit hangar très-bas, peu profond, couvert d'un toit de chaume et rempli de paille. Il fait nuit, mais la cour est éclairée par des lanternes. Onze heures du soir.)

THOMAS, MADAME THOMAS, THÉRÈSE, TROUPE DE MOISSONNEURS ET DE MOISSONNEUSES, et ensuite PIERRE GOT.

(Au lever du rideau tous les moisonneurs et moissonneuses sont assis des deux côtés d'une longue table, et sont en train de souper. Thomas lui-même leur verse à boire. Les servantes vont et viennent; on rit, on mange.)

THOMAS. Buvez, morguienne! mangez hardiment, mes enfants! quand les bras ont travaillé, faut pas que l'estomac reste à rien faire.

LES MOISSONNEURS. Merci, monsieur Thomas.

THOMAS. Femme, femme, apporte donc l' rôti.

MADAME THOMAS, venant de la maison, et apportant un gros dindon rôti. Le v' là, le v' là, l' rôti, r'gardez-moi ça, vous autres; c'est un fameux jésuite, celui-là! (Les garçons se lèvent en riant.)

THOMAS. Allons, morguienne! tombez-moi sur ce gaillard-là, et qu'il n'en reste pas miette. (On met le dindon sur la table.)

LES MOISSONNEURS, le dépeçant. Au jésuite!— A toi!— A moi! A lui! — A elle!

MADAME THOMAS, riant. C'est ça, bon courage! allez, ferme! mais tâchez qu'il y en ait pour tout le monde. (Bruit au dehors, roulement d'une voiture.)

THOMAS. Chut, taisez-vous un brin, j' crois que v'là les autres.

VOIX, au dehors. Oh, hu, oh, oh, hu.

THOMAS. C'est ça, c'est Pierre Got, avec la fin de la moisson. Allez dételer l' cheval. (Deux garçons sortent.) Ouvrez la grange. (Deux jeunes filles vont l'ouvrir.) Et vous, mes amis, remplissez nos verres. C'est la dernière voiture, faut lui z'y faire les honneurs. (On verse à boire; la voiture, garnie d'un mai, est amenée à bras.)

PIERRE GOT. C'est fini, not' maître, v'là l' restant. Y fait chaud, allez.

THOMAS. Va boire un coup, mon garçon. R'gardez-moi ces gerbes-là; v'là-t'y d' beaux épis! Allons, morguienne! à not' belle récolte!

TOUS LES MOISSONNEURS, levant leurs verres. Et à not' bon monsieur Thomas.

THOMAS. Merci, mes enfants, merci. A présent, rentrez moi ça.

MADAME THOMAS. Et vous autres, rangez-moi vite c'te table pour que nous puissions danser un brin avant d'aller coucher.

TOUS. Oui, madame Thomas. (La voiture entre dans la grange. On range la table dans un coin. Toute la jeunesse se prépare à danser; mais dans ce moment un bruit confus se fait entendre au dehors.)

THOMAS. Eh bien!..

MADAME THOMAS. Entends-tu?

THÉRÈSE, accourant. Madame Thomas, madame Thomas!

MADAME THOMAS. Qu'est-ce que c'est donc?

LES MÊMES. Voyez, voyez.

THOMAS. Tiens!..

MADAME THOMAS. Ah! mon Dieu! (On voit s'avancer lentement Félix, pâle, abattu, pouvant à peine marcher, soutenu et conduit par Loupy.)

SCÈNE VIII.

LES PRÉCÉDENTS, FÉLIX et LOUPY, entrant.

THOMAS. Ah çà! mais, qu'est-ce que j' voyons là! j' connais pas du tout.

MADAME THOMAS. Tais-toi donc, c'est quequ' malheur.

THOMAS. Ça en a l'air, dis donc, un p'tit jeune homme.

MADAME THOMAS. Ah ciel! c'est presque un enfant! vite une chaise.

THOMAS. Fais-le r'poser. (On fait asseoir Félix.)

MADAME THOMAS. Comme il est pâle, et il est tout en larmes! Thérèse, un peu d'eau pour c't' enfant. Il est froid comme la glace. (On lui donne de l'eau.)

THOMAS. Tiens, c't'y-là est l' pauvre qui a passé par ici y a deux jours! (Au pauvre.) N'est-y pas vrai qu' c'est vous?

LOUPY. J' crois ben qu' oui, mon cher homme; j'ons soupé à la cuisine et couché dans c'te grange.

MADAME THOMAS. Pauvre jeune homme, pauvre enfant! il ne peut pas parler.

LOUPY. Hélas! mon Dieu, non, ma chère dame; il a trop d' chagrin, voyez-vous, v'là pourquoi ça l'étouffe.

MADAME THOMAS. Trop d' chagrin? et pourquoi, quel est ce jeune homme, d'où vient-il?

THOMAS. Dites-nous donc ça ben vite.

LOUPY. Moi? j' sais pas; c'est un p'tit qu' j'ons trouvé.

MADAME THOMAS. Qu'il a trouvé!

THOMAS. Où donc ça?

LOUPY. Dans l' bois.

MADAME THOMAS. Tout seul?

LOUPY. Oh! non fait, j'vas vous conter ça.

MADAME THOMAS. C'est ce qu'on vous demande.

THOMAS. Allons donc, vieux.

MADAME THOMAS. Ce pauvre petit. A c't' heure, donnez-lui un peu de vin. Parlez toujours, vous. (Pendant que Loupy parle, on offre un peu de vin à Félix qui essaye de boire.)

LOUPY. V'là c' que c'est. J'avions été faire ma tournée du côté de Pré-Saint-Pol, et j' revenions ma besace vide; car aujourd'hui l' monde est ben dur, il n'y a presque plus d'âmes charitables.

THOMAS, regardant Félix. Allez toujours vot' train.

FÉLIX, repoussant le verre qu'il a porté à ses lèvres. Je ne peux pas.

MADAME THOMAS. Eh ben, tout à l'heure, mon petit Monsieur. Après?

LOUPY. Comme j' traversions l' bois; y f'sait déjà ben noir...

THOMAS. Où qu' vous alliez si tard?

MADAME THOMAS. Qu'est-ce que ça t' fait?

THOMAS. Y fait bon d' savoir.

LOUPY. J'allions à Grandvillier; j' m'étais un brin attardé, et j'avions quasi peur, car les routes n' sont pas sûres.

MADAME THOMAS. Est-y bavard! C't' enfant?

THOMAS. Donne-l'y l' temps.

LOUPY. J' vous disais donc, comme j' traversions l' bois, au-dessous du petit pont, au bord du précipice...

MADAME THOMAS. Eh ben?

THOMAS. Eh ben?

LOUPY. V'là-t-y pas qu' tout d'un coup... j'entends, ça fait trémir! crac! patatra! et puis des cris...

MADAME THOMAS. Ah! mon Dieu!

LOUPY. J' me r'tourne, je n' me doutais d' rien, moi; j' passais là, mes bonnes gens, comme eune honnête personne...

MADAME THOMAS. Qu'est-ce que c'était donc?

LOUPY. C'était c' petit jeune homme qui avait voulu passer l' pont avec monsieur son père. Jésus Dieu! queu malheur! Y paraît que l' pont n' tenait pus, y s'a cassé; l' papa qu'était d'jà d'ssus, brrr... a disparu dans l' trou.

TOUT LE MONDE. Ah!

LOUPY. Et dame, vous sentez ben, l'enfant est tombé raide par terre.

MADAME THOMAS. Pauvre enfant!

THOMAS. Il a vu ça!

LOUPY. Et moi aussi. Il a été, ma fine, pus d'une heure à r'prendre connaissance; et quand j' l'ons eu r'mis sur ses pieds, comme y n' pouvait rien dire à cause qu'y pleurait toujours et qu'y sanglotait...

MADAME THOMAS. Je l' crois ben.

LOUPY. Ne savant pas qu'en faire, moi, pauvre mendiant, et tout seul dans le bois, j'ons pensé à votre ferme; ce sont d' braves gens, qu' j'ai dit; y m'ont fait la charité, y faut que j'leux y mène le petit infortuné; y l' garderont ben à coucher c'te nuit, pour l'amour de Dieu.

MADAME THOMAS. Certainement.

THOMAS. Perdi!

LOUPY. Et le v'là. (A part.) J'ai fait mon affaire.

THOMAS, attendri. Vieux, t'as bien fait; t'es-t'un bon pauvre; tiens, v'là vingt sous, un franc tout neuf, pour ta bonne action, pour n'avoir pas laissé ce pauvre enfant dans l' bois, et pour me l'avoir amené.

LOUPY. Merci... (A part.) C'est autant.

MADAME THOMAS. Mais son père! y penses-tu, Thomas? Est-ce qu'on ne peut donc pas le s'courir?

LOUPY. Ly, par exemple! au fond du trou; plus de deux cents pieds!

TOUT LE MONDE, avec un mouvement d'horreur. Ah!

MADAME THOMAS, montrant Félix. Chut! (Félix est absorbé dans sa douleur. On fait signe qu'il n'a pas entendu.)

LOUPY, à part. Y restera ici!.. Voyons un peu. (Il commence à regarder et à observer autour de lui.)

MADAME THOMAS. Et ce pauvre petit n'a pu rien vous dire sur lui, sur sa famille? car c'est un enfant d' maison, c'est sûr... (A Thomas.) Vois comme il est distingué, comme ses traits sont doux, ses mains blanches... et comme son linge est fin!.. ça ne travaille pas à la terre.

LOUPY. Dame! d'puis l'accident, il n'a pas dit un mot; y pleure comme vous voyez. P't-êt' ben qui n' vous entend point.

MADAME THOMAS. Serait-il possible!

FÉLIX. Pardonnez-moi, Madame, je vois bien que vous avez pitié de moi, et que vous daignez me secourir. Ne m'abandonnez pas, je suis si malheureux! (Pendant tout ce qui suit, Loupy rôde autour de la cour, observe et remarque la petite fenêtre dans le mur du fond.)

MADAME THOMAS. Oh! Dieu nous en garde!.. Entends-tu ce qu'il dit, Thomas?.. Rassurez-vous, pauvre jeune homme, prenez un peu de courage, regardez-nous avec confiance; nous ne sommes pas riches, nous ne sommes que des fermiers, mais vous resterez avec nous aussi longtemps que vous voudrez; vous nous direz où sont vos parents, vos amis, et demain nous irons les chercher, ou nous vous conduirons chez eux... N'est-ce pas, Thomas?

THOMAS. J'attellerons la carriole.

FÉLIX. Ce ne sera pas nécessaire... hélas! je vais trop loin.

MADAME THOMAS. Trop loin!... Où donc que vous alliez avec monsieur vot' père?

FÉLIX. A Paris.

TOUT LE MONDE, étonné. A Paris!

MADAME THOMAS. Et d'où est-ce que vous v'nez?

FÉLIX, après réflexion. Je suivais mon père.

MADAME THOMAS. Mais à présent?

FÉLIX. Je suis orphelin.

MADAME THOMAS. Puisque le ciel vous a r'pris vot' père, vous n' pouvez plus l' suivre, où irez-vous?

FÉLIX. A Paris.

MADAME THOMAS. Toujours à Paris!... Qui vous y envoie donc?

FÉLIX. La volonté du ciel. (Il se lève à ce dernier mot. L'étonnement redouble.)

THOMAS. Du ciel!.. c'est singulier!

MADAME THOMAS. D' queu ton qu'il a dit ça! (Dans ce moment Loupy, qui se trouve au fond, arrache le loquet de bois qui ferme le volet de la petite fenêtre. Le bruit que cela occasionne fait retourner les moissonneurs les plus près de lui, mais aussitôt il a laissé tomber son bâton.)

LOUPY, à ceux qui le regardent. C'est rien... c'est mon bâton qu'a tombé. (Il le ramasse.)

THOMAS, qui n'a rien entendu de cela, à sa femme. Dis donc, Charlotte, je n'aime pas c' te réponse-là.

MADAME THOMAS. Bah! t'es ben difficile!

LOUPY, qui est revenu, à part. J' sommes maître de la croisée.

MADAME THOMAS, à Félix. Vous avez ben, pourtant, queuq's connaissances queuqu' part?

FÉLIX, baissant la tête. Non.

LOUPY, à part. Tant mieux.

MADAME THOMAS. C'est étonnant!... et d' l'argent pour vot' voyage, qu'est-ce qui vous en donnera?

FÉLIX. J'en ai. (Félix retombe sur la chaise et y demeure immobile.)

LOUPY, à part. Y n'a pas encore regardé dans ses poches.

THOMAS, à sa femme. Dis donc, tout de même, si c' n'était pas qu'il est aussi gentil, ça serait drôle tout c' qu'il dit là.

MADAME THOMAS. Est-ce que tu ne vois pas qu' c'est le chagrin qui l'y brouille l'esprit?

THOMAS. Dans l' fait, ça s' peut, y faut attendre à demain.

MADAME THOMAS. Et nous verrons... quant à présent y ne s'agit pus d' danser; ce s'rait conscience devant c' petit... l' plus pressé c'est de l' faire coucher, c' pauvre enfant.

THOMAS. J' crais ben! il est minuit.

LOUPY, à part. Où va-t-on l' mettre?

THOMAS. Ah! diable! v'là l'embarras! j' n'avons pus de lits, j'avons tout donné aux amis.

MADAME THOMAS. Qu'est-ce que tu dis? qu'est-ce que tu dis? n'avons-je pas encore deux matelas à notre lit? t'en donneras un; avec de la paille fraîche et des draps blancs, ça ira. Y n'y a plus d' place dans notre chambre? eh ben! y s'en trouvera queuqu' part.

THOMAS. Pardi! tiens, dans la grange: un d' pus, un d' moins, qu'est-ce qu' ça fait?

MADAME THOMAS. Du tout, du tout, par exemple! avec tous ces garçons qui l'empêcheraient de dormir... Tiens, y s'ra cent fois mieux là, tout seul, ben tranquille, et près d' nous, sous l' petit hangar.

THOMAS. Oui-da! c'est ma fine comme eune petite chambre.

LOUPY, à part. Bon!

MADAME THOMAS. Y n' fait pas froid et il aura d' l'air... Allons, vite, à la besogne! Thérèse, allez prendre un matelas à mon lit... Jean, r'muez-moi ben c'te paille... moi, j' vas chercher des draps... (Regardant Thomas qui joue à faire tenir une paille sur son doigt.) Ah çà! et toi, qu'est-ce que tu fais?

THOMAS. J' pense au bon pauvre.

MADAME THOMAS. Y couchera dans l'écurie. (Elle rentre dans la maison; Thérèse a déjà apporté le lit, Jean a préparé la paille.)

LOUPY, à part. Pas si bête.

THOMAS. C'est ça, vous entendez, vieux, vous coucherez dans l'écurie. (Pendant ce qui suit, madame Thomas fait le lit avec Thérèse.)

LOUPY. Merci; j' voudrais ben; mais ça ne se peut pas. Faut que j'arrivions c'te nuit à Granvillier.

THOMAS. Vous avez donc des affaires bien pressées!

LOUPY. J' crois ben que j'en ai! faut que j' sois d' main à la mairie pour la distribution du pain. J'ai eune carte d'indigent.

THOMAS. Ah! vous êtes donc inscrit?

LOUPY. Pardi! avec une bonne recommandation de monsieur le curé. J' fais mes Pâques, moi.

THOMAS, à ceux qui sont près de lui. Y fait ses Pâques, l' brave homme.

LOUPY. Deux fois par an.

THOMAS, à Loupy. Et vous n'avez pas peur de traverser l' bois la nuit, tout seul?

LOUPY. Hélas! mon Dieu, qu'est-ce qu'on peut faire à un pauvre homme comme moi? j' sommes si accoutumé à la peine et au mauvais temps! Si vous voulez seulement m' donner un p'tit verre d' vin pour me réchauffer?..

THOMAS. Plutôt deux qu'un, mon brave homme. (A Jean.) Donne-ly ça. (On met un broc et un verre sur la table, et Loupy se verse et boit pendant ce qui suit.)

MADAME THOMAS, regardant le lit. La!.. ça vous a-t-y un air appétissant! voyez si l' jeune monsieur n' s'ra pas là comme chez lui? (Elle va le prendre par la main et l'amène.) Venez, mon enfant, voilà votre p'tit lit; c'est ben blanc... tâchez d'oublier un peu votre chagrin... oh! j'sais ben qu' c'est difficile; si jeune! Voulez-vous prendre queuqu' chose avant de vous coucher?

FÉLIX. Non, Madame, je vous remercie de tout mon cœur; vous êtes bien bonne!

MADAME THOMAS. J' s'rai levée demain de bonne heure, je vous apporterai du lait chaud. Allons, Thomas, fais rentrer tout le monde, que c't' enfant soit tranquille.

LOUPY. Que l' bon Dieu vous garde, mes braves gens; j'ons l'estomac ben chaud, et j' vas me r'mettre en route.

THOMAS. Adieu, bon vieux.

MADAME THOMAS. Adieu, bon pauvre.

LOUPY, à Félix. Bonne nuit, mon p'tit Monsieur. (Dans ce moment, Félix, appuyé sur un des montants du hangar, paraît absorbé dans son chagrin.) Ne l' dérangez pas. (À part.) J'ons la clichette du p'tit volet dans ma poche.

MADAME THOMAS. Quand vous passerez dans l' pays, n'oubliez pas la ferme.

LOUPY. J'y r'viendrai, j' n'y manquerons point. Au revoir.

THOMAS ET MADAME THOMAS. Bon voyage. (Il part, reconduit par Thomas qui lui frappe amicalement sur l'épaule.)

SCÈNE IX.

LES PRÉCÉDENTS, excepté LOUPY.

(On enlève les lanternes qui faisaient illumination.)

THOMAS. A présent, mes enfants, que ceux qui s'en vont s'en aillent, afin que j' fermions la porte.

MADAME THOMAS, à un groupe de moissonneuses. Bonsoir, mes voisines, prenez des lanternes. Mes compliments cheux vous.

THOMAS. N'allez pas vous perdre dans les champs, et prenez garde au loup... ah! ah! ah!

TOUS. Bonsoir, bonsoir. (Une partie des moissonneurs et des moissonneuses s'en vont avec des lanternes.)

SCÈNE X.

LES PRÉCÉDENTS, excepté LES VILLAGEOIS sortis.

THOMAS. Dis donc, femme, entends-tu la musette qui les accompagne?

MADAME THOMAS. C'est bon, c'est bon! as-tu ben fermé?

THOMAS, fermant la grande porte. J' t'en réponds.

MADAME THOMAS. V'là tout tranquille... (On a emporté les lanternes à l'exception de celle que porte Thomas. Il fait peu de clarté.) Alors les garçons dans la grange, les filles cheux moi.

THOMAS. C'est ça, pas d' mélange. (Il rit.)

MADAME THOMAS. Tais-toi donc! c't' enfant pleure. Allez, mes amis. (Tous les garçons entrent dans la grange et les filles dans la ferme.)

SCÈNE XI.

FÉLIX, MADAME THOMAS, THOMAS.

THOMAS. Viens-tu?

MADAME THOMAS, allant à Félix, qui s'est levé, et lui prenant la main. Mon cher petit Monsieur, y fait beau clair de lune, vous y verrez plus qu'y n' faut pour vous coucher; j' pouvons pas vous laisser d' lumière à cause que c'est près d' la grange, et qu'y n' faudrait qu'un malheur.

THOMAS. J' crois ben! c'est plein d' paille.

MADAME THOMAS. Vous avez l'air ben fatigué. (Regardant son mari.) Il a tant pleuré! R'posez-vous, soyez ben tranquille, et si y vous manque queuqu' chose, tenez, vous n'aurez qu'à v'nir frapper à ces carreaux-là, on sera tout de suite auprès de vous. (Avec intérêt.) Bonsoir. (Félix lui baise la main avec reconnaissance.) Eh ben! qu'est-ce que vous faites? nos mains n' sont pas accoutumées à ça; embrassez-moi. (Elle lui donne deux gros baisers.) La! tout bonnement.

THOMAS, une lanterne à la main. N' te gêne donc pas! moi, j' tiens la chandelle.

MADAME THOMAS. Bonsoir, cher petit. Viens-t'en, Thomas. (Retournant la tête vers Félix.) A demain matin. (Thomas et sa femme rentrent.)

SCÈNE XII.

(Il fait nuit.)

FÉLIX, seul. Après un instant de silence et d'abattement, il va machinalement s'asseoir sur une chaise qui est restée. Me voilà donc seul au monde, tout seul! Je n'ai plus mon ami, mon bon ami, mon seul appui, et maman ne le sait pas. Comme il a péri! quelle horrible mort!.. Ah! je me sens aussi mourir quand j'y pense... Bon Gérôme, tu es devant Dieu, maintenant, et ton pauvre enfant que va-t-il devenir? (Avec vivacité et se levant.) Si je retournais au château! ah! maman ne me chasserait pas, et je serais sauvé... oui, mais maman serait perdue! Elle est mariée maintenant, et elle m'a dit: « Félix, je te confie mon honneur et ma vie... » Oh! non, jamais! jamais je ne te trahirai, maman; ton secret, c'est ton honneur, et tu l'as confié à ton fils... ton fils serait un lâche, un ingrat? Non, non, n'aie pas peur; je mourrai pour toi, s'il le faut. (Après un silence et avec résignation.) Oui, maman, ton fils aura du courage. Tu veux que j'aille à Paris; eh bien! j'irai, j'obéirai aux ordres que tu as donnés à Gérôme, je suivrai tes instructions, je me rappellerai tes conseils, mon cœur me guidera, et ton souvenir veillera sur moi... oui, tu verras que je suis digne de ta confiance... (Il est plus accablé et marche avec peine.) Je tombe de fatigue... de faiblesse... de chagrin... est-ce le sommeil ou la douleur qui m'accable?.. je ne sais... je n'ai plus de force... je ne pense plus... Si je pouvais seulement... reposer un peu... (Il ôte lentement et en s'endormant son habit, ses souliers; puis, cherchant à se réveiller, il se met à genoux près du lit.) Mon Dieu! conservez-moi l'amour de maman; qu'elle soit toujours heureuse... Bon Gérôme, veille sur moi! (Il se laisse tomber sur le lit, se couche et s'endort.)

SCÈNE XIII.

FÉLIX, endormi; LOUPY.

(Après un moment de silence, le volet de la petite fenêtre s'ouvre très-doucement, et Loupy se montre.)

LOUPY, après avoir bien regardé. J' n'entends plus rien... hasardons... (Il entre par la fenêtre. Il est sans bâton, il a ôté ses souliers. Il avance à pas de loup, et vient regarder Félix.) Il dort... (Il va de même écouter à la porte de la grange et de la maison.) Ceux-là aussi... tout d' même... c'est l' moment. (Il revient au lit, prend l'habit de Félix et fouille dans les poches.) Y n'y a plus rien. (Il le jette, sort une boîte de sa poche, et en tire deux boulettes.) L' diable est fin; mais c'te fois-ci, j' pouvons ben l' défier... dépêchons, les boulettes sont fraîches... (Il introduit une des boulettes sous le chaume du hangar, et jette l'autre dans la paille.) C'est d'dans; à c't' heure, j' suis parti. (Montrant Félix.) Il est resté... faudra ben que c' soit ly... à la grâce de Dieu! (Il regagne la fenêtre, sort, et la referme doucement. Aussitôt qu'il a disparu, on voit la fumée sortir du petit toit; l'instant d'après la flamme commence à se montrer sortant du chaume qui couvre Félix; il dort toujours. — Le rideau baisse. — Le théâtre change. — Entre les deux tableaux, après que le rideau est baissé, un morceau de musique doit peindre le bruit, le désordre, l'horreur d'un incendie. On entend sonner le tocsin, battre le rappel et crier au feu. Ensuite, et comme après un désastre, la musique exprime l'abattement, la consternation et la stupeur. Tous les efforts ont cessé, on n'entend plus que les pleurs et les gémissements. Alors le rideau se relève et montre le sinistre accompli.)

SCÈNE XIV.

(Le théâtre représente la même cour de la ferme aux Genêts qu'on a vue dans le tableau précédent; mais tout a été détruit, ravagé, consumé par les flammes. Le mur du fond est en partie écroulé, et laisse voir derrière la campagne et un terrain montant. La grange et le petit hangar sont en cendres; il ne reste debout que des charpentes brûlées; la maison seule a échappé aux flammes. Cinq heures du matin, le feu est éteint.)

M. et MADAME THOMAS, FÉLIX, LE MAIRE, SON ADJOINT, UN BRIGADIER et HUIT ou DIX GENDARMES, PAYSANS, NOTABLES, MOISSONNEURS, MOISSONNEUSES, etc., etc.

(Le lever du rideau présente le tableau d'un incendie éteint et de la désolation générale qui succède aux efforts d'un désespoir inutile. Le théâtre est jonché de débris consumés, de meubles brisés, d'effets, d'ustensiles de ménage qu'on a jetés par les fenêtres. A gauche, près de la maison, le maire et son secrétaire sont assis devant une table; ils verbalisent. Quelques notables les entourent; de l'autre côté, à droite, Félix pleure, assis sur un débris de chaise; il est sans habit, la chemise en désordre; deux gendarmes veillent sur lui. Un groupe de moissonneurs qui est plus en arrière le désigne avec colère. Thomas et sa femme sont assis sur un débris de banc au milieu de la cour. Autour d'eux sont des groupes de villageois et de villageoises, debout, couchés, abattus par la fatigue et le désespoir. Un gendarme est en sentinelle à la grande porte; d'autres sont sur la montagne extérieure. Le sentiment général du tableau fait comprendre que c'est Félix qu'on accuse.)

LE MAIRE. Ainsi donc, Thomas, aucun autre étranger, aucun autre inconnu que ce jeune homme n'a passé la nuit dans votre ferme?

THOMAS. Aucun autre, monsieur l' maire...

MADAME THOMAS. C'est la vérité; c'pendant, monsieur l'maire...

THOMAS. Tais-toi, Charlotte, il n' peut y avoir que lui! d'mandez leux-y!

LE GROUPE DE MOISSONNEURS, près de la grange. Oui, c'est lui, c'est lui!

THOMAS. C'est c' petit serpent qu' j'avons reçu, qu' j'avons couché, dont j'avons eu pitié.

LE GROUPE DE MOISSONNEURS. C'est l'incendiaire! (Les paysans se lèvent de partout et se réunissant au premier groupe.) Mort à l'incendiaire! qu'on nous le livre! (Madame Thomas jette un cri et veut courir pour les arrêter; mais Thomas la retient par le bras. Félix est tombé à genoux, implorant le secours des gendarmes.

LE MAIRE, se levant. Arrêtez!..

LE BRIGADIER. N'approchez pas!..

LE MAIRE. Arrêtez, malheureux!

THOMAS, retenant sa femme. Laisse-leux-y faire justice.

TOUS, avec colère. Justice!..

LE MAIRE. Au nom de la loi! retirez-vous; un assassinat vous fera-t-il justice? vengera-t-il l'ordre et la sûreté publique? réparera-t-il votre désastre? Non, ce ne serait qu'un crime de plus. (Les paysans retournent à leurs places en murmurant.) Mes enfants, écoutez-moi : si ce jeune homme est coupable, il ne peut l'être seul, il faut qu'il révèle ses complices. Laissez donc à la justice les moyens de pénétrer dans cet abîme d'horreur.

THOMAS. La justice, elle l'épargnera p't-êt'; elle en a laissé sauver tant d'autres!

TOUS. Oui, tant d'autres!

LE MAIRE. Et moi, mes amis, moi, votre concitoyen, votre maire, votre protecteur, me croyez-vous capable d'étouffer la vérité, de protéger le crime? voulez-vous m'empêcher de faire mon devoir de magistrat?

MADAME THOMAS. Et si c' n'est pas c't enfant, faut-y l' tuer? J'ons tout perdu, j' sommes ruinés, mais l' sang d'un malheureux n' nous rendra pas notre récolte. (On entend un bruit confus au dehors.)

LE MAIRE. D'où vient ce bruit? qu'on ne laisse entrer ni sortir personne sans mon ordre.

THOMAS, qui est allé voir. Monsieur l' maire, c'est not' curé.

LE MAIRE. C'est différent : qu'il vienne.

SCÈNE XV.

LES PRÉCÉDENTS, LE CURÉ.

(Aussitôt que le curé paraît au fond de la cour, toutes les femmes et les filles courent au-devant de lui et l'entourent.)

LE MAIRE, à l'un des notables. Profitons de cet instant; je crains leur juste colère. Faites entrer quelques gendarmes : doublez la garde qui veille sur ce jeune homme. (Le notable sort; un instant après, deux gendarmes, tournant autour des murs, viennent se joindre à ceux qui gardent Félix.)

LE CURÉ, regardant autour de lui. Quel désastre!

MADAME THOMAS, en pleurant. Tout est brûlé.

THOMAS, de même. La maison, la belle grange, quasi toute la ferme.

LE CURÉ. Dieu l'a souffert... mais il ne vous abandonnera pas, mes enfants; ayez toujours confiance en lui, et reprenez courage. Votre perte est bien grande; mais il y a des cœurs généreux. Toute la commune, tout le département viendra à votre secours; j'irai moi-même quêter dans les paroisses. On relèvera votre grange, on ensemencera vos champs, et jusque-là, mes enfants... (Il tire un petit sac de sa poche et le leur donne.) prenez toujours ceci : c'est le produit de mes épargnes et des bienfaits de mes paroissiens; c'est l'argent des malheureux, aujourd'hui c'est le vôtre... donnez, distribuez tout de suite à ceux qui souffrent.

THOMAS. Le digne homme!

MADAME THOMAS. Vous êtes pour nous la main du bon Dieu.

LE CURÉ. Je ne suis qu'un de ses pauvres ministres. Personne n'a-t-il péri?

MADAME THOMAS. Grâce au ciel, personne.

LE CURÉ. Et du moins, mes enfants, le coupable, s'il en est un, n'est pas de mon troupeau?

THOMAS. Oh! que nenni, monsieur l' curé; par exemple! y n'y a cheux nous que d' braves gens. Tenez, tenez. (Il indique Félix.) Voyez-vous ce p'tit-là?

LE CURÉ. Ce jeune homme?

THOMAS. Faut qu'y soit venu d' l'enfer! Hier, ben tard, un mendiant l'a amené; y nous a fait des contes, j'en avons eu pitié, j' l'ons fait coucher cheux nous, et l' méchant, pour nous r'mercier, a mis l' feu à sa paille.

LE CURÉ. Cet enfant?... (Au maire.) C'est lui qu'on accuse, monsieur le maire?

LE MAIRE. Il est certain que la trace et la direction du feu prouvent qu'il a commencé par embraser le chaume sous lequel il couchait.

LE CURÉ. Il avait donc de la lumière?

THOMAS. Oh! qu' non.

LE CURÉ, au maire. Mais alors, quels indices?..

LE MAIRE. Ses réponses.

THOMAS. Voyez not' ferme.

LE MAIRE. Vous allez l'entendre; car je vous prie, monsieur le curé, de m'aider de vos conseils et de votre présence. J'espère que le respect qu'on vous doit suffira pour maintenir le calme, et rappeler à chacun l'obéissance qu'il doit à la loi.

LE CURÉ. Écoutez votre magistrat.

LE MAIRE, au brigadier. Avez-vous fait courir sur les traces du mendiant?

LE BRIGADIER. Oui, monsieur le maire, sur toutes les routes du bois. (Le maire fait donner un siége au curé qui se place auprès de lui. Tout le monde reprend sa place comme on était au lever du rideau.)

LE MAIRE. Poursuivons. Faites approcher ce jeune homme.

THOMAS ET SA FEMME, au curé. Écoutez bien, monsieur le curé. (Félix approche.)

LE MAIRE. Persistez-vous à refuser de me dire votre nom?

FÉLIX. Hélas!.. c'est à regret, Monsieur.

LE MAIRE. Vous connaissiez sans doute le mendiant qui vous a conduit ici?

FÉLIX. Non, Monsieur.

LE MAIRE. Où l'avez-vous rencontré?

FÉLIX. Il m'a trouvé dans le bois; j'étais évanoui.

LE MAIRE. Vous veniez, avez-vous dit, de voir périr votre père?

FÉLIX. Non, pas mon père... c'était mon ami.

THOMAS, et tous les moissonneurs. Il a dit son père!

LE MAIRE. Vous l'avez dit; pourquoi ce mensonge?.. Quel est donc votre père?

FÉLIX. Je ne le connais pas.

LE MAIRE. Qu'alliez-vous faire à Paris?

FÉLIX. Achever mes études et prendre un état.

LE MAIRE. Cela suppose quelque fortune, des parents ou des amis... Qui vous y envoyait?

THOMAS. J' lui ons déjà d'mandé.

LE MAIRE. Répondez-moi.

FÉLIX. Je ne puis le dire.

THOMAS. Vous voyez ben? — Y faut absolument qu'y soit d' queuqu' bande d'incendiaires, puisque...

LE CURÉ, un peu sévèrement. Thomas!

MADAME THOMAS, à son mari. C'est ben fait.

LE CURÉ, à tout le monde. Un peu de patience, mes enfants. (A Félix.) Jeune homme, vous devez dire la vérité au magistrat qui vous interroge.

FÉLIX. Ah! Monsieur, je voudrais obéir; mais, au prix même de ma vie, je ne le peux. (La surprise redouble.)

LE CURÉ. Vous ne le pouvez?

THOMAS, se levant de nouveau. C'est p't-êt' aussi l' ciel qui l'en empêche, comme y dit que c'est le ciel qui l'envoie à Paris.

LE CURÉ. Le ciel?

LE MAIRE. Il vous a dit cela?

THOMAS. Y l'ont tous entendu.

LE MAIRE, regardant le curé avec intention. Le ciel! un mystère étrange se fait ici sentir; l'obstination de ce jeune homme à se taire, son courage, sa résignation même, ne sauraient résulter de passions basses et viles; ses discours et sa conduite décèlent un autre moteur; monsieur le curé, ne soupçonnez-vous rien?

LE CURÉ. Je crains de vous comprendre. (Il se lève, s'approche de Félix et lui prend la main.) Mon enfant, je suis un ministre de Dieu; à ce titre, ouvrez-moi votre cœur. Quelqu'un, empruntant la voix du ciel, vous aurait-il, au nom de Dieu, inspiré, conseillé, peut-être commandé de porter la flamme... (Un mouvement du jeune homme l'empêche d'achever.) Ce ne serait plus vous qui seriez coupable; dites sans crainte.

FÉLIX. Oh! au nom de Dieu, commettre un crime!.. cela ne se peut croire; quelqu'un au monde en serait-il capable, à moins d'être insensé?

LE CURÉ. Non. (On se regarde avec surprise. — Au maire.) Ce n'est pas cela.

FÉLIX, avec fermeté. Je n'ai pas mis le feu à la ferme; dois-je donc vous le jurer? Eh! mon Dieu! pourquoi l'eussé-je fait? Ils m'avaient reçu avec tant de bonté! ils m'avaient traité comme leur fils. Voyez ces ruines, leurs larmes, leur désespoir : mais je serais un monstre!

MADAME THOMAS, à son mari. Tu vois ben!

THOMAS, un peu ému. C'pendant... (Le curé leur fait signe de se taire.)

LE MAIRE. Les apparences et vos réponses vous accusent.

FÉLIX. Je suis innocent, monsieur le maire; c'est tout ce que je puis vous dire. Si vous exigez davantage, ce n'est plus mon secret... je mourrai s'il le faut. (Le maire et le curé se regardent.)

THOMAS. J' savons plus qu' penser.

MADAME THOMAS. C't enfant-là est étonnant.

THOMAS. Faut pourtant ben que queuqu'un... (Bruit et cris : Le voilà! le voilà!)

LE BRIGADIER. Monsieur le maire, c'est le mendiant que mes soldats ont arrêté; on vous l'amène.

LE MAIRE. Éloignez un peu ce jeune homme. (Félix va reprendre sa place au milieu des gendarmes. Loupy est amené par deux gendarmes et Pierre Got qui les accompagne.)

SCÈNE XVI.

LES MÊMES, LOUPY, PIERRE GOT.

PIERRE GOT, *à Loupy*. Avance. Le v'là, monsieur le maire; c'est moi qu'a amené les gendarmes.

LE MAIRE. Bien, mon ami, tu seras récompensé. (*Pierre Got se mêle aux moissonneurs.*)

LOUPY. Tiens! la ferme qu'est brûlée!... queu malheur! (*Thomas le menace d'un revers de main. Des moissonneurs lui montrent le poing.*)

LE BRIGADIER, *lui montrant le maire*. Tournez-vous par là. (*Loupy fait de grandes révérences au maire.*)

LE MAIRE. Comment vous nomme-t-on?

LOUPY. Moi? faut que j' vous dise mon nom? ben volontiers, monsieur l' maire. J' m'appelons Loupy.

LE MAIRE. Votre état?

LOUPY. Indigent.

LE MAIRE. Où demeurez-vous?

LOUPY. Où l' bon Dieu m'envoie; j' payons pas d'impôt.

LE MAIRE. Vous avez dit vous rendre à Granvillier; sur quelle route vous a-t-on arrêté?

LOUPY. J' sais pas.

PIERRE GOT. Sur celle de Pré-Saint-Pol.

LOUPY. Ça c' peut ben.

LE MAIRE. Vous en avez donc imposé?

LOUPY. Non fait, da, monsieur le maire, j' m'a trompé.. (*Comme il regarde autour de lui, il aperçoit Félix, et ajoute à part.*) V'là l' petit.

LE MAIRE. Qu'on le fouille.

LOUPY. Hein! qu'on me fouille?.. (*Les gendarmes y procèdent.*) Laissez donc; j' veux pas; j' n'ons rien sur moi.

LE BRIGADIER. Tranquille! ou, morbleu!...

LOUPY, *dont on vide les poches*. J' m'oppose! on ne doit pas fouiller dans les poches, c'est pas dans la charte!

LE BRIGADIER, *passant les objets au maire*. Paix!... Un papier.

LE MAIRE, *l'ouvrant*. Un certificat d'indigence.

LE BRIGADIER. Une bourse.

LE MAIRE. Pleine d'or.

LE BRIGADIER. Une boîte.

LE MAIRE. Des diamants, de l'or sur un mendiant.

THOMAS ET LES PAYSANS. C'est un voleur.

LE MAIRE. Oseras-tu dire que ces objets sont à toi?

LOUPY. Non fait, non fait, monsieur l' maire, j'ai pas dit ça jamais, c'est pas à moi du tout... c'est... c'est à c' p'tit Monsieur-là, qu' j'avions trouvé hier dans l' bois, et qu' j'avions amené ici.

THOMAS ET MADAME THOMAS. A lui?

LE MAIRE, *à Félix*. A vous, jeune homme? Approchez, regardez... (*Mouvement général de curiosité. Le curé passe un peu vers la droite en cherchant à calmer les paysans.*)

FÉLIX, *se regardant d'abord lui-même*. En effet... il est possible... j'avais totalement oublié... (*Il approche et examine la bourse et les diamants qui sont sur la table.*) Oui, Monsieur, cette bourse et ces bijoux sont à moi.

LOUPY. J' l'avais dit!

FÉLIX. Mais... tous les diamants n'y sont pas, il en manque la moitié.

LOUPY. C'est pas ma faute.

LE MAIRE. Ils sont à vous? (*A Loupy.*) Et comment se trouvent-ils sur toi?

LOUPY. Sur moi? l' p'tit m'avait prié d' les garder; il avait peur qu'on n' les y vole.

TOUT LE MONDE. Oh!...

THOMAS. Est-y gueux!

FÉLIX. Cela n'est pas vrai.

LOUPY. C'est ly qui ment; foi d'homme, j'en lève la main.

LE MAIRE. Peu importe. Vous, jeune homme, vous reconaissez cette boîte, ces diamants, vous déclarez qu'ils sont à ous?

FÉLIX. C'est la vérité..

LE MAIRE. On ne possède guère à votre âge des objets d'un .el prix: ce sont des parures de femme; de qui les tenez-vous?

THOMAS. Le v'là pris.

FÉLIX, *troublé*. De qui?...

LE MAIRE. Répondez, ou vous êtes convaincu de vol.

FÉLIX. De vol?... oui... oh! mon Dieu, on va croire aussi que j'ai volé!

LE MAIRE. Répondez donc.

THOMAS, *à tout le monde qui s'avance pour écouter*. Chut!

FÉLIX. Grâce! monsieur le maire, je ne le peux pas.

LOUPY, *à part*. C'est drôle.

THOMAS, *aux moissonneurs*. Y n' peut pas.

LE MAIRE. Malheureux enfant! ne comprenez-vous donc pas que vous achevez de vous perdre? Refuser de vous faire connaître, de nommer vos parents, de dire au moins de qui vous tenez cet or, ces diamants... Encore une fois, et pour la dernière, je vous ordonne de me répondre.

LE CURÉ, *s'approchant de Félix, avec émotion et douceur*. Mon enfant, ne résistez plus; si vous n'êtes pas coupable, surtout, surtout si vous avez des parents, une famille, peut-être une mère qui vous chérit; car un enfant tel que vous ne peut être ainsi abandonné; par pitié pour eux, prouvez votre innocence. Vous pleurez... j'ai donc touché la blessure de votre cœur... Mon fils, quelle que soit la faute grave ou légère qui vous a fait fuir vos parents, ne consommez pas votre perte; c'est en leur nom, c'est au nom de votre mère que je vous en conjure. Mon fils, il faut répondre.

FÉLIX, *au désespoir*. Au nom de ma mère!... (*Il essuie ses yeux avec résolution, et ajoute avec force:*) Non! jamais!

TOUT LE MONDE, *comme confondu*. Jamais!

THOMAS. Il a dit jamais.

LE MAIRE, *avec un peu de colère, à l'adjoint*. Fermez l'interrogatoire.

PIERRE GOT, *qu'on a vu observer Félix, et qui, retenu par ses voisins, a déjà voulu parler plusieurs fois*. Attendez... attendez un peu, monsieur l' maire; c'est-y c't-y-là qu'on dit qu'a mis l' feu?

LE MAIRE. Oui.

PIERRE GOT. Et qui n' veut pas dire qui qu'il est, ni d'où qu'il vient?

LE MAIRE. Sans doute.

PIERRE GOT. Ah! y n' veut pas! eh ben! je l' connais, moi.

TOUT LE MONDE. Y l' connaît!

LE MAIRE. Tu le connais? parle, quel est son nom?

PIERRE GOT. Son nom? j' sais pas son nom; mais j' l'ons vu au château d' Clairville, où que j' portions du grain.

TOUT LE MONDE. Au château?

PIERRE GOT. Oui-da! c'est un p'tit orphelin qu' mam'selle la comtesse élevions par charité.

LE MAIRE. Mademoiselle Amélie de Clairville?

FÉLIX. Non! non! Monsieur.

LE MAIRE. Vous le niez?

FÉLIX, *résolûment*. Je ne connais pas la comtesse de Clairville.

LE MAIRE, *à Pierre Got*. Et toi, tu assures l'avoir vu au château?

PIERRE GOT. Oui, j' ly ons vu; c'est ben lui.

LE MAIRE. C'est assez; dans deux heures la vérité sera connue. (*Au brigadier.*) Emparez-vous de ce mendiant, qu'il soit mis au secret. (*A Félix.*) Vous, jeune homme, je vais vous conduire au château de Clairville.

FÉLIX. Au château! (*Il se jette aux genoux du maire.*) Oh! non, non, Monsieur, je vous en prie à genoux ne me conduisez pas au château.

THOMAS. Il a peur.

LE MAIRE, *le laissant à genoux*. Vous redoutez cette épreuve? votre frayeur m'y détermine d'autant plus... c'est là peut-être... En effet, ces diamants ne peuvent appartenir qu'à une personne du rang de la comtesse. Si c'est un vol... ce concert avec un mendiant, le partage déjà fait, et ce désastre... Malheureux jeune homme! ou l'on vous a conduit dans un piége affreux dont l'auteur doit monter sur l'échafaud, ou l'innocence de votre âge et la candeur peinte sur vos traits cachent un cœur bien pervers. Vous allez me suivre; je vais vous mettre en présence de la comtesse elle-même.

FÉLIX, *au désespoir*. Oh! non, non, ne m'y conduisez pas. (*Se relevant et avec l'esprit exalté.*) Monsieur le maire, je n'hésite plus; il est inutile de me conduire au château, j'avoue tout; oui, eh bien! oui, j'ai volé ces diamants, j'ai mis le feu... livrez-moi; qu'on me fasse mourir, mais qu'on ne me conduise pas au château.

TOUT LE MONDE, *avec consternation*. Il avoue!

FÉLIX. Oui, mon Dieu! mon Dieu! sauvez maman. (*Il tombe évanoui dans les bras de madame Thomas et d'autres femmes qui se trouvent près de lui.*)

LE MAIRE, LE CURÉ ET TOUT LE MONDE. Sa mère! (*Il se fait un silence; le maire traverse la scène et passe du côté où se trouve le curé.*)

LE MAIRE, *consultant du regard le curé*. Que pensez-vous, Monsieur?

LE CURÉ. Que cet enfant n'est pas coupable.

LE MAIRE. Mais ce désastre?

LE CURÉ. La main de Dieu vous guidera.

LE MAIRE, *après un instant de réflexion, au brigadier, en désignant Loupy*. Gardez bien cet homme. (*A Thomas.*) Qu'on amène ma voiture. (*Regardant Félix avec intérêt.*) Qu'on secoure d'abord ce jeune homme. (*Les gendarmes tiennent Loupy. On apporte un verre d'eau, que madame Thomas porte aux lèvres de Félix. Tout le monde regarde, attendri, surpris, consterné.*)

ACTE TROISIÈME.

Le théâtre représente le même salon qu'on a vu au second tableau du premier acte; il est meublé pour recevoir une nombreuse société. — On remarque un piano et des tables de jeu. — Midi.

—

SCÈNE PREMIÈRE.

JOSÉPHINE, seule.

(Elle entre par la porte du fond et parle d'abord à la cantonade.)

Bien! oui, c'est très-bien; demeurez toutes là, mes amies; procurez-vous des bouquets, et attendez; ce ne sera pas long maintenant, attendez que je vous appelle. (Elle entre en ajustant sa parure. — Au même instant on entend sonner la cloche de l'église, qui annoncé que la messe est finie.) Ah! on sonne à l'église, la messe est dite. Elle est mariée! C'est singulier comme ce mot là... comme cette idée vous émeut et... et vous trouble; je ne sais pourquoi, j'en suis toute folle de joie. J'étais humiliée d'avoir une maîtresse jeune encore, jolie, et si bonne, qui ne se mariait pas; il semblait que c'était ma faute. Grâce au ciel! enfin, la voilà madame! nous aurons un mari au château! et qui sait? cela me portera peut-être bonheur aussi. Pourquoi pas? je n'ai que sept ans de plus que Mademoiselle... que madame la baronne; et... si je ne me trompe, M. Christophe m'a déjà regardée... mais regardée avec des yeux... j'en ai rougi. C'est un bel homme que... Joséphine, à quoi songez-vous? regardons à la fenêtre si le cortége revient... il est sans doute avec son colonel. (Elle va vite ouvrir la fenêtre et regarde; au même instant, Christophe paraît à la porte du fond.)

SCÈNE II.

CHRISTOPHE, JOSÉPHINE.

CHRISTOPHE, au fond, à part. Chafre bien fait de guider la cortéche. Ché fenir chiste à temps. Il être seule, seule... terteiffle! c'être la pon moment. (Il avance un peu.)

JOSÉPHINE, regardant par la fenêtre. Je ne vois personne de la noce; on ne sort pas encore de l'église : c'est qu'on signe à la sacristie.

CHRISTOPHE. Ché fouloir tout de suite faire mon déglaration.

JOSÉPHINE. Et pour comble de bonheur, le plus beau temps du monde!

CHRISTOPHE. Courage, Christophe... Hem! (Il tousse pour se faire entendre.)

JOSÉPHINE, le voyant. Ciel!

CHRISTOPHE. Elle avre fu moi.

JOSÉPHINE, tout bas. C'est lui.

CHRISTOPHE. Ché oser pas; ch' être pien pête!... en afant! (Il marche à grands pas jusqu'à Joséphine, puis s'arrête tout court.)

JOSÉPHINE, à part. Je crois qu'il a des intentions.

CHRISTOPHE, la main au schako. Matmoicelle Josphine.

JOSÉPHINE, avec une révérence. Je vous salue, monsieur Christophe.

CHRISTOPHE, militairement. Ché saluer fous aussi, matmoicelle Josphine. (Ils se taisent tous les deux.)

JOSÉPHINE, toussant. Hein!

CHRISTOPHE, à part. Terteiffle!

JOSÉPHINE. Plaît-il?

CHRISTOPHE. J'avre encore rien dit, parc' que c'être pien difficile, à cause qu... terteiffle!

JOSÉPHINE. Je ne comprends pas.

CHRISTOPHE. C'être égal; ché prier fous de pas boucher; j'avre quelque chose à tire té pressé.

JOSÉPHINE. A moi?

CHRISTOPHE. Ya; un pacatelle, c'être fait tout d' suite... Matmoicelle Josphine, ché trover fous charmante; mon barole d'honneur, ch' être amoureuce.

JOSÉPHINE. De moi?

CHRISTOPHE. Ya.

JOSÉPHINE. Vous badinez.

CHRISTOPHE. Nein.

JOSÉPHINE. A mon âge...

CHRISTOPHE. Fous l'y être un peu mûre; c'être pien pour moi... terteiffle! ché prendre fous et tout d' suite pour mon femme.

JOSÉPHINE. Tout de suite!... mais, monsieur Christophe, c'est bien prompt.

CHRISTOPHE. Ya. Ma colonel il avre dit à moi : Christophe, ché fouloir que ti té marie. J'avre répondu : Ya, ma colonel. Mais c'être pas assez; ché pouvre pas marier moi toute seule... terteiffle!... gombrenez-fous, matmoicelle Josphine?

JOSÉPHINE. Mais... oui... et c'est moi...

CHRISTOPHE. Ya! (Se mettant brusquement à ses genoux.) Ché mettre ma cœur dans fos pieds. (Bruit annonçant l'arrivée du cortége.)

JOSÉPHINE. Ciel!...

CHRISTOPHE. Ché...

JOSÉPHINE. On vient! silence!

CHRISTOPHE, se relevant vite. Terteiffle!

JOSÉPHINE. C'est le cortége des époux. (Tendant la main.) Voilà ma réponse.

CHRISTOPHE, baisant la main de Joséphine. J'avre reçu la petite cache.

JOSÉPHINE. Soyez discret. (Elle court au fond.)

CHRISTOPHE. A présent ça ira toute seule.

JOSÉPHINE. Les voilà! les voilà! (A la cantonade.) Venez vite! venez toutes! (Les villageoises des environs, en habits de fête, accourent avec des bouquets et se rangent pour recevoir les nouveaux époux et leur offrir des fleurs. Ceux-ci paraissent aussitôt précédés de toute la société dont se compose la noce.)

SCÈNE III.

LES PRÉCÉDENTS, M. DE CLAIRVILLE, M. DE SAINT-VAL, AMÉLIE, DAMES ET MESSIEURS, VILLAGEOIS, DOMESTIQUES.

(Saint-Val, Amélie, Joséphine, M. de Clairville, la société sur les deux ailes, les villageoises au fond entourant Amélie, les domestiques derrière.)

JOSÉPHINE, présentant les jeunes villageoises. Madame la baronne ne refusera point les vœux que forment, pour son bonheur et pour celui de monsieur le baron, tous les bons habitants de Clairville qui la chérissent comme une mère.

AMÉLIE, prenant les bouquets. Comme une mère? toujours, mes chers amis. (Remettant les bouquets à ses femmes.) Mesdemoiselles, mettez ces fleurs dans des vases. (Aux jeunes filles.) Je vous retiens pour toute la soirée... Joséphine, vous donnerez des ordres pour qu'on puisse aussi danser dans le jardin. (Aux dames de la société.) Mesdames, nous aurons deux bals... Vous le permettez, monsieur le baron?

SAINT-VAL. Jamais d'autre que vous, Amélie, ne commandera dans ce château; je n'ambitionne que de partager le bonheur de tout ce qui vous entoure.

DE CLAIRVILLE, s'adressant à tout le monde, puis au baron. Mes amis, un jour de noces doit être consacré au plaisir... que ferons-nous de la matinée, en attendant l'heure du dîner et celle du bal? (Amélie a descendu la scène vers la gauche, M. de Clairville a passé à droite; Saint-Val se trouve au milieu.)

SAINT-VAL, répondant au comte. Mais je pense que le billard, la bouillotte et l'écarté pour ces Messieurs; le jardin, la promenade, la musique pour ces dames, peuvent occuper quelques heures. (Il se rapproche d'Amélie.)

JOSÉPHINE. Et si monsieur le baron n'y trouve pas d'inconvénient, on pourrait déjà commencer à danser dans le jardin.

DE CLAIRVILLE. Ce sera même un amusement pour la société... Joséphine, mettez le bal en train... Germain, faites dresser les tables de jeu.

JOSÉPHINE, aux villageoises. Vous qui dansez le jour tout aussi bien que la nuit, venez avec moi.

CHRISTOPHE. Ché infiter matmoicelle Josphine.

JOSÉPHINE. Très-flattée, monsieur Christophe; venez toutes. (Elle emmène les villageoises au jardin.)

SCÈNE IV.

LES PRÉCÉDENTS, excepté JOSÉPHINE, CHRISTOPHE et LES VILLAGEOIS, qui sont passés dans le jardin.

(Amélie est devenue rêveuse, Saint-Val l'observe avec inquiétude. — M. de Clairville, Saint-Val, Amélie; la société aux tables de jeu, assise, etc.)

DE CLAIRVILLE, à la société. Laquelle de vous, Mesdames, ouvrira le concert? un jour de noces, il ne faut pas compter sur la mariée. (Il conduit deux des dames de la société au piano. Les tables de jeu ont été ouvertes, les parties commencent.)

AMÉLIE, à elle-même, en soupirant. A présent, à cette heure, où est Félix? que fait ce pauvre enfant? il pleure peut-être.

SAINT-VAL, s'approchant d'elle et lui prenant la main avec tendresse. Amélie...

AMÉLIE. Pardon, monsieur le baron, j'étais distraite, n'est-ce pas? ayez la bonté de m'excuser; je vais m'occuper de la société.

SAINT-VAL, la retenant avec douceur. Non... vous avez le temps; votre père en fait les honneurs... C'est vous, Amélie, c'est vous seule qui m'inquiétez... Je sais qu'un peu de trouble, d'embarras, peut suivre un pareil jour; mais il y a de la tristesse au fond de votre gêne, il y a des traces de larmes sur vos paupières; vous n'êtes pas contente, Amélie... Ce n'est pas un reproche que je vous fais... mais, à présent, je suis votre époux, votre ami le plus tendre... tu es la moitié de moi-même.

AMÉLIE, *avec un regard aimable.* Oui.

SAINT-VAL. Ton regard me rassure; mais alors, si quelque chose t'afflige, tu me dois la moitié de ton chagrin; me cacher ce qui blesserait ton cœur, ce serait faire tort au mien, ce serait me dérober ce qui m'appartient désormais. Quelle est la cause de ta distraction, de ta peine?

AMÉLIE, *un peu embarrassée.* De ma peine? je n'en ai pas.

SAINT-VAL. Et... des regrets?

AMÉLIE, *avec une tendre affection.* Jamais! jamais, Léon.

SAINT-VAL. Chère Amélie!... (*Dans ce moment les parties de jeu s'engagent; une dame s'assied au piano.*)

DE CLAIRVILLE. Messieurs, un peu de silence, ces dames vont chanter.

SAINT-VAL, *passant le bras d'Amélie sous le sien.* Tu préfères un tour de parc?.. (*Ils s'éloignent lentement ensemble; mais tout à coup Joséphine entre fort troublée; Christophe la suit : tout le monde se lève. Saint-Val et Amélie reviennent sur leurs pas.*)

SCÈNE V.

LES PRÉCÉDENTS, JOSÉPHINE, CHRISTOPHE.

AMÉLIE. Qu'est-ce donc?

SAINT-VAL. Pourquoi cesse-t-on de danser? eh bien?

JOSÉPHINE. Madame, je ne sais pas comment vous apprendre... Il arrive quelque chose de bien extraordinaire.

CHRISTOPHE. Ma colonel, il afre du nouveau. (*Pendant que ceci se passe sur l'avant-scène, un domestique vient parler bas à M. de Clairville.*)

AMÉLIE. Vous tremblez, Joséphine?

SAINT-VAL. Que veux-tu dire?

DE CLAIRVILLE, *venant entre Saint-Val et Amélie.* Ne t'alarme pas, Amélie, je vais m'informer; pardon, Mesdames, pardon. (*Il sort précipitamment.*)

AMÉLIE, *voulant le suivre.* Mon père!...

JOSÉPHINE, *la retenant.* Arrêtez! Madame... Il vaut mieux que ce soit monsieur le comte.

AMÉLIE. Lui?.. Mais expliquez-vous donc, Joséphine?

JOSÉPHINE. Mon Dieu, Madame, je ne puis vous dire ce que c'est, je ne comprends pas moi-même, et je suis si effrayée... monsieur Christophe l'a vu comme moi.

CHRISTOPHE. Ya! ya!

AMÉLIE. Quoi donc!

SAINT-VAL. Parlez!

JOSÉPHINE. Figurez-vous, Madame, qu'il vient d'arriver, à l'instant, et d'entrer dans la cour, une voiture...

CHRISTOPHE. Ya, une foiture.

JOSÉPHINE. Escortée de quatre gendarmes.

SAINT-VAL. Des gendarmes!

AMÉLIE. Ici! chez nous!

SAINT-VAL. Et cette voiture?...

JOSÉPHINE. Il est descendu deux messieurs que je n'ai jamais vus; et aussitôt on a refermé les portières et baissé les stores, pour empêcher qu'on n'aperçoive les autres personnes qui sont restées dans le carrosse.

SAINT-VAL. Comprenez-vous?

AMÉLIE. Je m'y perds.

CHRISTOPHE. C'être de la police.

SAINT-VAL. Tu crois!.. je cours...

AMÉLIE, *lui saisissant la main.* Avec moi...

JOSÉPHINE. Attendez! voilà monsieur le comte. (*Il entre.*)

DE CLAIRVILLE, *revenant précipitamment.* Ma fille, baron, calmez-vous... mes amis, point d'alarme. Je vous annonce la présence et la visite de monsieur le maire du village de Pré-Saint-Pol.

SAINT-VAL. Sa visite, avec des gendarmes?

DE CLAIRVILLE. Un prisonnier, qu'il paraît conduire dans sa voiture, exige cet appareil, qui ne concerne que lui. En sa qualité de magistrat, il demande la permission de prendre auprès de nous quelques informations sur un fait, assure-t-il, qui intéresse l'ordre public; je n'ai pas cru devoir refuser.

SAINT-VAL. Dans ce moment?..

DE CLAIRVILLE. Il me suit... (*A Amélie.*) Tu n'en dois ressentir aucune crainte.

AMÉLIE, *troublée.* Non, mon père... cependant...

SAINT-VAL. Cette visite est étrange!

AMÉLIE, *à Saint-Val, avec un tendre intérêt.* Rien ne vous menace, mon ami?

SAINT-VAL. Je vous le jure.

UN VALET, *annonçant.* Monsieur le maire! (*Il entre suivi de son secrétaire.*)

SCÈNE VI.

LES PRÉCÉDENTS, LE MAIRE, LE SECRÉTAIRE DU MAIRE.

(*Le maire ne porte point d'écharpe.*)

LE MAIRE, *s'adressant d'abord à Amélie.* Madame, j'ai le plus vif regret d'apporter un instant de trouble au milieu d'une fête d'hymen; mais vous daignerez excuser la rigueur de mon devoir, quand vous saurez de quelle importance est l'entretien que je sollicite de vous.

AMÉLIE. De moi?

DE CLAIRVILLE. Votre visite, Monsieur, nous honore, mais ne peut nous inquiéter... Désirez-vous qu'on prie de s'éloigner les personnes étrangères à notre famille?

LE MAIRE. Je ne le crois pas nécessaire : vous en déciderez vous-même quand vous m'aurez entendu.

DE CLAIRVILLE. Expliquez-vous.

LE MAIRE. Un attentat horrible, un de ces crimes qui depuis une certaine époque jettent la terreur et le désespoir dans nos campagnes, un incendie a dévoré, la nuit dernière, la ferme aux Genêts.

AMÉLIE. Est-il possible!

SAINT-VAL. Encore!

DE CLAIRVILLE. Les malheureux incendiés réclament des secours : c'est là, sans doute, l'objet de votre honorable mission, monsieur le maire. Je vous remercie d'avoir songé à ma maison; à l'instant même...

LE MAIRE, *l'arrêtant.* J'accepte avec reconnaissance, pour des malheureux, ce que vous inspire votre générosité; réparer leur désastre est le devoir de chacun; mais celui du magistrat va plus loin; la société tout entière lui demande secours et protection contre les criminels qui la menacent.

SAINT-VAL. Cela est juste.

DE CLAIRVILLE. Espérez-vous enfin découvrir la source d'un tel fléau?

LE MAIRE. J'en cherche la trace. Tout atteste que l'incendie de la ferme aux Genêts n'a point été le produit d'une imprudence ou d'un accident. Les indices d'un complot tramé, exécuté, accompli, se présentent en foule, et dans l'obscurité qui l'enveloppe encore, il semblerait qu'un pouvoir caché a commis le crime par la main d'un enfant...

AMÉLIE, *son père et son époux ensemble.* D'un enfant!

LA MAIRE. Victime ou coupable... c'est là que se trouve le mystère, et je vais sans doute exciter ici une étrange surprise en ajoutant que des circonstances singulières, sans exemple, je le crois, ont fait présumer que madame la baronne pourrait peut-être donner à la justice des éclaircissements importants...

AMÉLIE. Moi!

LE MAIRE. Sur le jeune accusé, qui paraît être l'agent de quelques misérables.

DE CLAIRVILLE. Ma fille!

JOSÉPHINE. Madame!

CHRISTOPHE. Terteiffle!

SAINT-VAL. Y songez-vous, Monsieur?

AMÉLIE. Je ne puis comprendre...

LE MAIRE. Je n'exige rien, Madame; je ne réclame que votre complaisance; mais c'est au nom du malheur, de la justice, et de la sûreté publique. (*Il se tourne vers son secrétaire qui lui remet les objets saisis sur Félix.*)

JOSÉPHINE. Voilà qui me passe!

CHRISTOPHE. C'être montame qui savre?...

JOSÉPHINE. Fi donc!

SAINT-VAL, *au comble de l'étonnement.* Amélie?...

AMÉLIE. Je crois rêver.

DE CLAIRVILLE. C'est quelque méprise.

LE MAIRE, *au secrétaire.* Allez, vous comprenez. (*Le secrétaire sort.*)

SAINT-VAL. Écoutons.

LE MAIRE. Madame... et permettez que j'en appelle à votre conscience : reconnaissez-vous cette bourse, cette boîte et ces diamants? (*Le maire met sous les yeux d'Amélie les objets qu'il a nommés.*) Regardez-les, Madame.

AMÉLIE. Ciel!... (*Elle demeure comme frappée de la foudre.*)

DE CLAIRVILLE. Qu'est-ce donc?

SAINT-VAL. Amélie!...

JOSÉPHINE, *s'approchant et prenant les objets des mains du maire.* Madame!.. que vois-je!.. c'est à vous, Madame!

SAINT-VAL. A vous?

DE CLAIRVILLE. A ma fille?

LE MAIRE, *très-attentif.* Vous les reconnaissez?

JOSÉPHINE. Je le crois bien! c'est Madame elle-même qui a brodé cette bourse... et quant à ces diamants...

AMÉLIE, revenue à elle. Joséphine!.. (Joséphine s'arrête interdite. — L'étonnement redouble. — Dans ce moment le secrétaire rentre et fait un signe au maire. — Après avoir porté son mouchoir sur ses yeux comme pour reprendre ses idées :) Oui, Monsieur... oui... je reconnais ces objets. Au nom du ciel! comment se trouvent-ils dans vos mains?

LE MAIRE. Je suis moi-même bien surpris de votre trouble, Madame; cet or, ces bijoux ont dû vous être volés.

AMÉLIE. Volés! Ah! pauvre enfant! Mais qui vous les a donc remis?

LE MAIRE. Personne.

AMÉLIE, effrayée. Dieu!

LE MAIRE. C'est moi-même qui les ai trouvés sur le jeune homme, qui avoue, qui déclare les avoir volés.

AMÉLIE. Volés!.. mais non, mais non, Monsieur; mais non, c'est Félix.

DE CLAIRVILLE ET JOSÉPHINE. Félix!

SAINT-VAL, à part avec soupçon. Félix! (A ce cri répété, Amélie tressaille et redevient muette et tremblante.)

LE MAIRE, regardant tout le monde. Vous le connaissez tous?

DE CLAIRVILLE. Sans doute, c'est un jeune orphelin. Il y a... quatorze ans, je crois, ma fille le reçut, par charité, des mains d'une pauvre femme, l'éleva sous mes yeux, le combla d'amitié, de bienfaits, et, hier encore, elle l'envoyait à Paris pour y achever son éducation, s'y placer, se pourvoir; je l'avais approuvée... Se pourrait-il que cet enfant, que ce jeune homme eût déjà souillé la vie dans laquelle il entre à peine, par un vol à sa bienfaitrice?

AMÉLIE, avec indignation. Ah!

JOSÉPHINE. Lui, monsieur le comte, notre Félix! ah! je répondrais du contraire sur ma vie!.. Ce sera tout simplement un cadeau qu'en le renvoyant Madame lui aura fait; elle était si bonne pour lui!

LE MAIRE. Des diamants d'un tel prix...

AMÉLIE, en baissant les yeux, et s'efforçant de paraître calme. Oui Monsieur, c'était un don : j'avais chargé l'honnête et bon vieillard qui conduisait Félix de les vendre à Paris. Ce vieillard a dû vous le dire.

LE MAIRE. Ce vieillard? je n'ai pu le voir, il avait péri.

AMÉLIE, s'oubliant. Il est mort! Mais, mon Dieu, mon Dieu, qu'est devenu Félix?

SAINT-VAL, étonné de son désordre subit. Amélie!..

JOSÉPHINE, de même. Madame!..

LE MAIRE. Calmez-vous, Madame; ce Félix est entre mes mains.

AMÉLIE. Ah! je vous remercie, Monsieur.

SAINT-VAL, à part. Quelle émotion!

LE MAIRE. L'intérêt, l'affection que vous portez tous à ce jeune homme redoublent ma surprise.

JOSÉPHINE. Nous l'avons élevé.

LE MAIRE. Je comprends; je vous plains.. je voudrais adopter la justification que vous m'offrez, Madame, et peut-être, malgré mon devoir, fermer les yeux; mais ce n'est pas seulement ce vol que je poursuis, il n'est ici que l'indice d'un autre crime qui ne permet pas d'indulgence : toute la France nous regarde... La main de cet enfant se montre avec la même évidence dans l'incendie de la ferme; il a mis le feu.

DE CLAIRVILLE. Lui!

AMÉLIE. Le feu! quelle horreur!

JOSÉPHINE. C'est faux.

AMÉLIE. Vous ne l'avez donc pas regardé, cet enfant?

LE MAIRE, avec émotion. J'ai fait plus; touché de ses pleurs, de sa grâce, de son air d'innocence, je n'ai pu croire aux apparences; j'ai voulu le défendre, j'ai senti mon cœur sous le charme de l'intérêt qu'il vous inspire. Eh bien! savez-vous ce qu'il m'a répondu? J'ai volé les diamants, j'ai mis le feu à la ferme. Et ces aveux réitérés, il les a faits dans la peur que je l'amenasse devant vous.

AMÉLIE, comprenant. Ah!.. oui, oui!.. Oh! mon Dieu!.. Mais où est-il? qu'en avez-vous donc fait?.. Monsieur, rendez-le-moi.

LE MAIRE. Il est ici; j'ai dû l'amener... vous allez le voir et l'entendre. (Il fait un signe au secrétaire.)

AMÉLIE. Il est ici. (Tout le monde se retourne.) Ah!.. (Le secrétaire a transmis l'ordre du maire et Félix paraît aussitôt suivi de deux hommes sans uniforme.)

SCÈNE VII.

LES PRÉCÉDENTS, FÉLIX, DEUX GARDIENS.

AMÉLIE, apercevant Félix, court vers lui, le saisit et l'entraîne jusque sur l'avant-scène. Félix!.. Félix!.. ah! tu es sur mon cœur! (Elle l'embrasse avec transport, sans songer aux regards qui l'observent.)

FÉLIX, bas à sa mère. Prends donc garde, maman... prends garde... Rassure-toi, je n'ai rien dit. Abandonne-moi, laisse-moi emmener.

AMÉLIE. Jamais! jamais! pardonne-moi... c'est fini... tu ne me quitteras plus.

FÉLIX, repoussant les bras d'Amélie qui l'étreignent. On te regar

AMÉLIE, avec résolution. Monsieur le maire, je vous déclare, ma vie, sur mon Dieu, que cet enfant que j'ai élevé, ici, vant tous, est innocent, est pur comme le jour; qu'il ne quittée qu'hier, hier pour la première fois; que tout ce avait sur lui venait de moi. Mon père lui-même vous l'attes Et quant au crime d'incendie... ah! regardez-le donc, M sieur; voyez, n'est-il pas justifié? (Tout le monde regarde le m avec anxiété. Il se fait un silence.)

SAINT-VAL, à part. On m'avait caché cette adoption. . et ce départ.

LE MAIRE. Madame, je suis profondément ému de vos larmes... mais, je dois vous le dire, malgré vos efforts en faveur de ce jeune homme, rien de ce que je viens d'entendre ne détourne ni n'efface les soupçons. Loin de là, peut-être... Vous avez recueilli cet enfant, vous l'avez élevé... et tout à coup, vous-même, vous l'éloignez de votre maison, de vos regards!.. pourquoi?.. ce n'est sans doute pas sans motif... Votre main généreuse, même en bannissant l'orphelin, ne le laisse point sans secours; cela peut se croire, et l'on eût compris qu'il possédât quelque argent : mais des diamants d'une aussi haute valeur que ceux que vous reconnaissez ne se donnent pas à un enfant étranger et de son âge, que l'on renvoie... Je ne veux point blâmer votre pitié, Madame : mais ici même, on ignorait que vos diamants eussent disparu. Et, s'il en était autrement, je vous le demande, pourquoi cet enfant aurait-il avoué qu'il les avait dérobés? pourquoi son épouvante en entendant prononcer votre nom? pourquoi préférait-il mourir à comparaître devant vous? (Pendant que le maire parle, Amélie regarde Félix.)

AMÉLIE. Quel courage!

FÉLIX, bas. Je te l'avais promis.

LE MAIRE. Il était donc coupable? vous l'aviez donc chassé, où il s'était enfui?

DE CLAIRVILLE. Il est pourtant certain...

AMÉLIE, avec force. Non, mon père!

LE MAIRE, avec une expression de mécontentement, et promenant son regard autour de lui. Je ne puis espérer ici d'autres éclaircissements; la justice fera le reste. C'est trop longtemps troubler la fête de votre hymen, Madame; je me retire. De votre aveu même, cet enfant ne vous appartient pas; personne ne le réclame; il est donc à l'État, et la justice s'en empare... (Aux hommes de sa suite.) Messieurs, emmenez ce jeune homme.

AMÉLIE. Arrêtez!..

LE MAIRE. Madame!

DE CLAIRVILLE. Ma fille!

SAINT-VAL, retenant Christophe. Silence!

AMÉLIE. Jamais! on m'arrachera plutôt la vie!

LE MAIRE. Quoi! de la résistance!..

AMÉLIE, saisissant Félix dans ses bras. Je le réclame, il est à moi, il m'appartient; c'est mon fils!..

TOUT LE MONDE, à la fois. Son fils!.. Votre fils!..

AMÉLIE, le serrant sur son cœur. Vous ne me le prendrez pas, je suis sa mère!

TOUT LE MONDE. Sa mère! (Dans ce moment le regard d'Amélie rencontre celui de Saint-Val.)

DE CLAIRVILLE, au désespoir, et hors de lui. Sa mère!.. elle est déshonorée, malheureuse!.. (Il tire son épée pour en frapper Amélie; mais tout le monde avec un cri se précipite devant lui et le retient. A ce cri, Félix s'est jeté devant sa mère; mais le comte, tremblant, a laissé tomber le fer et s'abandonne dans les bras de ses amis qui l'entourent. Il se fait un silence : Saint-Val passe devant Amélie et s'approche du comte.)

SAINT-VAL. Monsieur le comte!

DE CLAIRVILLE, soutenu, tremblant, et s'exprimant à peine. Monsieur, voilà ma poitrine... plongez-y ce fer... lavez votre honneur dans le sang d'un père... qui ne peut plus vivre...

SAINT-VAL, après avoir regardé en silence Amélie et le comte. Grand Dieu!.. (A Christophe.) Ordonne mon départ. (Les hommes de la suite du maire font un mouvement pour s'approcher de Félix, le magistrat les arrête du geste. — Le rideau baisse. — Le décor change.)

SCÈNE VIII.

(Le théâtre représente le même boudoir qu'on a vu au premier tableau du premier acte. Rien n'est changé dans l'ameublement. Quatre heures.)

AMÉLIE, seule, en négligé. — Au lever du rideau, elle est assise sur le canapé et elle achève une longue lettre qu'elle écrit sur un petit meuble de dame placé devant elle. Cessant d'écrire et réfléchissant.) Toute une vie sans reproche... et pourtant le déshonneur!.. Qu'ai-je donc fait, mon Dieu, pour être ainsi traitée?.. Si j'avais méconnu la plus sainte de tes lois, si j'avais étouffé dans mon cœur la tendre voix de la nature, renié l'enfant que j'ai porté dans mon sein... si j'avais commis ce crime, à présent je serais honorée, on m'appellerait une femme vertueuse; tous les respects, tous les honneurs seraient pour moi... mais j'avais un cœur de mère; je n'ai pas pu, je n'ai pas voulu être criminelle... j'ai adoré mon enfant, parce qu'il était mon enfant... Mon Dieu! ai-je donc fait autre chose que mon devoir?.. Non, je me sens fière de mon cœur, et je suis déshonorée!.. Vous êtes donc injuste quelquefois... puisque je suis honnête femme, devais-je être victime, moi!.. (Elle pleure un moment en silence.) Non, il eût mieux valu, sans doute, pour le monde qui m'estimerait, pour ma gloire qui fût restée pure aux dépens de mes remords, que, semblable à ces femmes... à ces monstres de nature que la peur de la honte rend coupables... on me l'a dit... je ne le crois pas... O mon Félix, j'aime mieux être déshonorée... (Elle écrit encore quelques lignes qui terminent sa lettre, la plie et regarde la pendule.) Quatre heures, j'ai fini... (Elle se lève.) Mon père! mon père! je vous avais aussi caché mon malheur... ce n'était pas par défiance; vous ne pouviez pas me blâmer, vous ne pouviez que me plaindre... c'est vous qui m'avez perdue par tendresse... j'aurais vu votre désespoir... j'ai voulu ménager vos larmes... Ah! maintenant, quand vous aurez lu, vous ne lèverez plus sur moi ce fer... Mon Félix s'est mis devant... Ah! cet enfant me consolera de tout!..(Avec résignation.) Allons! cette lettre à mon père; il me rendra son amour, lui! A monsieur de Saint-Val, la vérité de ma propre bouche... je lui dois cette réparation... (Pleurant.) O mon Dieu, mon Dieu!.. Ensuite... le couvent... une retraite... et mon Félix!.. C'est l'heure... allons! (Elle sonne.) Du courage. (Elle se rassied sur le canapé et écrit le dessus de la lettre. Pendant qu'elle met l'adresse, Joséphine entre et attend sans parler.)

SCÈNE IX.

AMÉLIE, JOSÉPHINE.

AMÉLIE, assise, écrivant. Joséphine.

JOSÉPHINE, d'un ton sec. Madame.

AMÉLIE, à part. Du mépris... même de ma femme de chambre... cela est juste, elle ne sait pas... (Avec une grande douceur.) Joséphine; ne m'abandonnez pas encore, je vous prie. (Joséphine tire son mouchoir, se couvre les yeux et pleure.) Vous pleurez, Joséphine! (Elle se lève, va prendre Joséphine par la main et l'amène.) Vous pleurez?

JOSÉPHINE, avec un ton mêlé de dépit et d'attendrissement. Oui, Madame; oui, je pleure... je pleure depuis tantôt... et j'aurais fini par étouffer, si je n'avais pu vous dire ce que j'ai sur le cœur... je suis indignée, je suis outrée, Madame! pendant dix ans... m'avoir caché... moi qui vous aime tant! moi qui... Je vous aurais sauvée, Madame.

AMÉLIE. Nous!.. (Lui prenant la main.) Et je t'accusais, ma bonne Joséphine!

JOSÉPHINE. Et moi aussi, Madame, je vous accusais, que sais-je? de folie pour ce petit; pauvre petit! Si j'avais su...

AMÉLIE. Vous m'auriez méprisée, Joséphine.

JOSÉPHINE. Madame, Madame!.. est-ce ainsi que vous jugez mon cœur? Vous étiez une riche demoiselle, vous; moi, rien qu'une femme de chambre; j'aurais dit: C'est mon fils, et vous l'auriez gardé.

AMÉLIE, en l'embrassant. Ah! bonne Joséphine, et votre réputation? Voyez, je suis perdue; eh bien! pourtant, Joséphine, si nous eussions fait cela, je vous atteste, je vous jure devant Dieu que vous n'auriez pas été plus coupable que je ne le suis.

JOSÉPHINE. Eh! mon Dieu!.. Savez-vous qu'il est charmant, ce jeune homme, savez-vous que c'est un petit héros? mais c'était tout de bon qu'il voulait se sacrifier.

AMÉLIE, avec une joie tendre. Oui, et je le chassais!

JOSÉPHINE. Il est au désespoir que vous l'ayez sauvé. En vérité, Madame, je crois que si j'étais M. de Saint-Val, je ferais maintenant comme M. le maire, et que j'admirerais cet enfant. Oh! vous ne vous figurez pas comme à présent on le traite avec considération, avec respect; on ne parle que de son courage, de son amour; tout le monde veut l'embrasser; plus d'une mère vous l'envie.

AMÉLIE. Va, Dieu me devait bien cela. Si j'ai besoin pour lui d'une main protectrice, tu remplaceras le pauvre Gérôme, n'est-ce pas?

JOSÉPHINE, interdite. Oui, cela va sans dire... Mais... eh bien! mais... et vous, Madame, à présent que vous avez dit, que tout le monde sait...

AMÉLIE. A présent, Joséphine, tout doit changer; je ne puis demeurer sous les yeux d'un époux, ni me condamner à rougir continuellement devant le monde. Mon cœur ne peut plus être à l'aise que devant Dieu.

JOSÉPHINE, alarmée. Comment?

AMÉLIE. J'ai fait toutes mes réflexions, j'ai fixé mon sort. Avez-vous dit à M. le maire ce que j'exige de sa complaisance?

JOSÉPHINE. Oui, Madame; mais c'était inutile; il n'est plus question d'arrêter M. Félix; à cet égard tout est expliqué; et l'on dit qu'on a saisi aux environs de Pré-Saint-Pol une vieille mendiante sur qui s'est retrouvé le reste des diamants, et qui a tout avoué.

AMÉLIE. Trop tard. (Avec crainte.) Et... et votre message auprès de M. de Saint-Val, a-t-il eu le même succès? Vous vous taisez, Joséphine. Il refuse de m'entendre... il a raison, je l'ai trompé. Dites-moi sa réponse, ne craignez pas, il faut que je m'accoutume au mépris.

JOSÉPHINE. Il paraît bien affligé, je suis certaine qu'il a pleuré.

AMÉLIE. Oui, c'est un bon et noble cœur; ceux-là souffrent plus que les autres.

JOSÉPHINE. Il s'est promené trois minutes sans rien dire; il hésitait. (Avec un soupir.) M. Christophe était là. Tout d'un coup il lui a renouvelé l'ordre d'achever les apprêts de leur départ, et ensuite il m'a dit: Saluez votre maîtresse de ma part; j'enverrai ma réponse.

AMÉLIE. C'est un refus. Eh bien! encore cette peine... c'est peut-être une humiliation de moins... s'il ne m'avait pas crue!... (On frappe doucement à la porte du fond.) Qui peut venir?

JOSÉPHINE. Entrez.

AMÉLIE. Non. (La porte s'entr'ouvre tout doucement, Christophe paraît.)

JOSÉPHINE, se retournant. Vous ne le voulez pas? c'est différent. N'entrez pas. (Elle voit Christophe.) Ah!..

AMÉLIE, qui a fait le même mouvement et a vu Christophe. Si fait.

JOSÉPHINE. Au contraire, entrez. (Christophe, qui refermait la porte, la rouvre et entre.)

SCÈNE X.

LES MÊMES, CHRISTOPHE.

(Christophe s'avance d'un air consterné.)

JOSÉPHINE, bas, à part. C'est la réponse.

CHRISTOPHE, à part. Terteiffle! ché sentir moi trempler.

JOSÉPHINE. Elle n'a pas l'air d'être bonne.

CHRISTOPHE, en faisant le salut du soldat. Matame, ma colonel il envoyer moi porter à fous ses remerciements à cause que pour la messache de matmoicelle Joseph... (Un petit sanglot l'interrompt.) Ché pouvre pas dire cet nom; ma colonel il faissé temander resbectueusement à Matame le permission de présenter lui tout d' suite, à présent, parce qu'il allé bartir indéfiniment dans un petit temi-heure; les chéval il être toute prête. (Amélie très-émue ne peut répondre; Joséphine ne dit rien non plus.) Matame il avre entendu?

AMÉLIE, d'une voix tremblante. Remerciez pour moi monsieur le baron, et dites-lui... que je l'attends.

CHRISTOPHE. Il y être là, toute près.

AMÉLIE. Qu'il vienne.

CHRISTOPHE, en pleurant malgré lui. Ché doive faire à brésent mon atieu à Matame; ché refoir pliș chamais... chamais... ma colonel l'avre dit... terteiffle, atieu... (Il sort lentement, Joséphine le suit du regard.)

SCÈNE XI.

AMÉLIE, JOSÉPHINE.

(Aussitôt que Christophe a disparu, Amélie va prendre la lettre qui est sur le meuble.)

AMÉLIE. Joséphine, portez sur-le-champ cette lettre à mon père; c'est la révélation que je lui dois. Ensuite... tout à l'heure j'aurai besoin de consolations; ne vous tenez pas loin; quand je sonnerai... vous m'amènerez mon fils... Ah! j'aurai besoin de le voir et de l'embrasser après cela. (Voyant que Joséphine pleure.) Ayez donc du courage pour moi, Joséphine.

JOSÉPHINE, sanglotant tout bas. Je tâcherai, Madame; c'est que... c'est que...

AMÉLIE. Allez vite; qu'on n'entre plus. (Joséphine sort par la porte de côté.)

SCÈNE XII.

AMÉLIE, *encore seule; et, un instant après,* SAINT-VAL.

AMÉLIE, *dans le plus grand trouble.* Eh bien! comme je tremble! pourtant, mon Dieu! je ne suis pas coupable; mais c'est mon époux! oh!.. (*Elle se couvre la figure de son mouchoir et de ses mains; la porte s'ouvre et le baron paraît.*) C'est lui! (*Elle demeure sans mouvement; Saint-Val s'avance lentement d'un air grave, froid, mais chagrin.*)

SAINT-VAL, *après avoir regardé Amélie un moment en silence.* Madame, vous m'avez fait demander un entretien, je n'en comprends pas la nécessité, mais je me rends à votre désir... (*Un silence.*) Je suis à vos ordres, Madame.

AMÉLIE. Je vous en ai déjà adressé mes remerciements; je ne m'attendais pas à tant de bonté de votre part; je n'espérais plus... (*Elle s'arrête comme si la voix lui manquait.*)

SAINT-VAL. Vous avez tort, Madame, et vous vous trompez encore en cherchant dans mon âme un sentiment de colère ou de haine.

AMÉLIE, *avec douceur.* Non, je ne m'en flatte même pas; je sais bien que je n'ai plus droit qu'au mépris.

SAINT-VAL, *cherchant à calmer la douleur qu'il ressent.* Vous avez mal interprété ce que j'ai mal exprimé moi-même; non, Amélie, non, Madame, point de colère et point de mépris; de la douleur, c'est tout ce que je ressens, et... (je suis sincère, vous le savez) si ce peut être pour vous un sujet de consolation, demeurez convaincue que cette douleur me suivra jusqu'au tombeau. Je n'ai pas vécu jusqu'ici dans une telle ignorance du cœur des hommes, que je puisse vous confondre avec tant de femmes légères, coquettes, perfides, audacieuses, dont le monde brillant fourmille; non, Madame, imprudence ou malheur... Mais le vice n'a point été jusqu'à vous. (*Amélie pleure.*) Je vous plains, et mes reproches ne tombent que sur moi; c'est à moi qu'est tout le tort. Vous avez refusé ma main; j'ai persisté... J'ai vu vos larmes; je n'ai pas voulu comprendre. Vous ne me deviez point d'aveu; je vous ai forcée de choisir entre votre père et moi; vous avez fait votre devoir : sais-je vous rendre justice, Madame?

AMÉLIE, *étouffant ses larmes sous son mouchoir.* Pas encore.

SAINT-VAL, *plus ému qu'il ne voudrait le paraître.* Après... après la ruine si prompte de toutes mes espérances, si j'ai voulu vous quitter sans vous revoir... c'était par pitié pour moi, et par respect pour vous. (*Pendant ces derniers mots, Amélie relève la tête et cherche à raffermir sa résignation.*)

AMÉLIE. Cette conduite généreuse est noble et digne de vous; moi, Monsieur, il me reste aussi quelque chose à faire; résolue à subir toutes les conséquences de mon sort, je ne vous ai point prié de m'entendre pour implorer ni pardon, ni grâce; je vous ai trompé; mais je vous dois toute la réparation qui est au pouvoir d'une femme. Notre mariage peut-il être rompu? on me l'a dit; votre honneur exige que je ne porte pas votre nom; si je le puis, je veux vous le rendre sans tâche.

SAINT-VAL. Faire casser notre mariage devant les tribunaux! qui le demanderait? Moi, vous porter le coup mortel! notre contrat serait également déchiré, et votre père sans fortune! et vous!... Ah ciel! aurons-nous donc jamais le désir de former d'autres nœuds! Non, Amélie, je ne le veux pas; gardez mon nom; je n'en ai plus besoin pour personne.

AMÉLIE. Je vous remercie pour mon père, Monsieur; pour moi, je ne le porterai pas, je vous le promets. Je ne puis rester ni sous vos yeux, ni sous les regards du monde; demain, dès demain, je vous le jure, vous n'aurez plus à rougir; je serai dans un couvent, et jamais, jamais, votre nom n'y sera prononcé. (*Amélie fond en larmes. — Saint-Val va s'asseoir comme un homme qui succombe à une douleur profonde. — Après un silence, Amélie ayant essuyé ses yeux avec courage, relève la tête, et sa voix reprend la force et l'expression d'un noble désespoir.*) Voilà, Monsieur, tout ce qu'une femme coupable peut faire, et j'en prends l'engagement. Mais une femme qui n'est pas coupable, qui se résigne pourtant à le paraître et se condamne elle-même plus sévèrement que ne le ferait le monde, cette femme a besoin d'ouvrir son cœur devant le seul homme qui ait le droit d'être son juge; il faut que le cri de son désespoir soulage au moins une fois son innocence accablée; il faut qu'une fois au moins elle ait pu dire : J'accepte tout le malheur, mais je n'ai pas mérité l'infamie!

SAINT-VAL, *se levant avec la plus forte émotion.* Amélie, vous ai-je fait un reproche?

AMÉLIE. Croyez-vous que ce soit assez pour tout ce que je souffre? j'ai perdu l'honneur, et pendant seize ans j'ai cru qu'il n'était pas de plus grand supplice au monde... eh bien! je me suis trompée : aujourd'hui la perte de votre estime, de votre respect... je dirai tout, de votre amour, de mon titre d'épouse, me paraît mille fois plus affreuse; j'y renonce pourtant, il le faut bien, il le faut bien; mais je vous le demande à genoux... (*Elle s'y précipite.*)

SAINT-VAL, *voulant la relever.* Amélie.

AMÉLIE. A genoux! je le veux ainsi, pour n'être pas refusée; vous m'avez aimée, je le sais, vous souffrez autant que moi. Eh bien! pour le repos de votre cœur, pour que le souvenir d'Amélie ne soit pas toujours un fer qui le déchire; pour que de douces larmes vous consolent quelquefois, écoutez-moi, sachez la vérité, je vous la dois... après, nous nous quitterons, nous nous séparerons pour toujours; mais vous serez moins malheureux, car vous m'estimerez encore.

SAINT-VAL, *la relevant.* Amélie!... Madame!... jamais!... Non, non!... ce récit me serait trop pénible. Je vous aimais, dites-vous? Ah! je vous aime encore! Gardez votre secret; gardez-le toujours; je n'en veux pas. Ne me dites pas que votre amour a pu appartenir à un autre.

AMÉLIE, *avec un cri d'abandon.* Jamais!...

SAINT-VAL, *frappé de surprise, après un moment de silence.* Quoi!... vous osez dire?... Mais, Madame...

AMÉLIE. Comptez les années. Mon fils a seize ans; j'en avais donc quinze; je sortais d'un pensionnat, je ne connaissais le monde et l'amour que de nom, et j'étais élevée comme une demoiselle de grande maison... Est-ce possible!... Non! devant Dieu! devant Dieu! je n'ai pas encore connu l'amour! La violence, le désespoir et la honte...

SAINT-VAL. Ah!

AMÉLIE. Voilà seize années de ma vie... Non! voilà toute ma vie. (*Épuisée de l'effort qu'elle a fait pour surmonter sa pudeur, elle tombe assise sur le canapé, la tête baissée, le front sur son mouchoir.*)

SAINT-VAL, *dans une agitation inexprimable, et déjà saisi de remords.* La violence!... O Saint-Val! c'est là aussi ce que tu as fait!... Je l'avais dit, c'est un crime, et la punition m'attendait. Amélie, Amélie, parlez; je veux tout entendre; et je vous écoute, comme un criminel au pied de son juge. (*Il est à genoux près d'elle.*)

AMÉLIE, *assise.* Ne me regardez pas, et laissez-moi pleurer... car je suis bien malheureuse!... Je vous l'ai déjà dit, comptez les années, les mois, les jours... Vous souvenez-vous quand trois armées enveloppaient les murs de Paris? On se battait partout... vous y étiez.

SAINT-VAL, *s'asseyant, pour écouter, sur le bord d'un fauteuil qui est près du sopha.* Oui.

AMÉLIE. Alors mon père habitait Paris et j'y étais en pension... Le terrible jour... le troisième... on attendait pour la nuit la prise, le pillage et l'incendie de Paris... Mon père vint me chercher à la pension et m'emmena. Le canon retentissait; on voyait dans les rues des blessés, du sang, des morts; on disait : A cette nuit le massacre! Beaucoup de monde fuyait; les voitures sortaient en foule... Il faisait déjà sombre. Mon père eut peur pour moi... Oh! qu'a-t-il fait! Des amis le conseillaient... Il me jeta dans une voiture; nous partîmes, et il me disait en me serrant sur son cœur : Ma fille, je vais te cacher. Nous sortons de Paris, nous traversons des lignes de troupes et nous entrons dans un village. Mon père y avait des fermiers. Il leur dit : Gardez-moi ma fille; dans sa retraite l'armée vous couvre, Paris va être brûlé... Il part et je reste... Une heure à peine... le canon tonne... on attaque le village... Ah! que j'ai vu de sang et de cadavres!... les balles entraient de toutes parts, les maisons brûlaient... Quels cris! Cela dura bien longtemps... Tout à coup on enfonce les portes. Le fermier... il était couvert de sang... me saisit dans ses bras, m'emporte, descend... je ne sais où... je n'y vois plus... C'était, je crois, dans un caveau. (*Saint-Val se lève... Amélie remarquant tout à coup l'agitation terrible de Saint-Val.*) N'est-ce pas que c'est affreux?

SAINT-VAL. Arrêtez!... O Dieu! assez, Amélie!... Savez-vous le nom de ce village?

AMÉLIE. Après je l'ai su... Saint-Vincent...

SAINT-VAL. Amélie!... Je puis achever le récit de cet horrible attentat... Infâme! infâme est celui... (*Tirant précipitamment l'anneau qu'il porte à son doigt, et le présentant à Amélie.*) Tenez... tenez! ne voilà-t-il pas la preuve du crime?

AMÉLIE. Ah! grand Dieu!... l'anneau de ma mère!... Elle était morte, je le portais... D'où l'avez-vous? depuis quand?

SAINT-VAL. Depuis seize ans... (*Tombant aux genoux d'Amélie.*) Amélie! j'éprouve autant d'horreur que de joie... (*L'enlaçant de ses bras, et voulant la presser sur son cœur.*) Il y a seize ans qu'un crime t'a faite mon épouse.

AMÉLIE, *s'arrachant de ses bras, se levant et avec un cri terrible d'effroi.* C'est toi! (*Saint-Val demeure prosterné aux pieds d'Amélie. Celle-ci, dans une agitation terrible, et combattant entre la tendresse et un souvenir horrible, paraît comme incertaine; mais enfin et graduellement l'expression du bonheur succède, sur son visage, à l'effroi, à la terreur, et elle tombe dans les bras de Saint-Val avec un cri de joie : mais aussitôt elle s'évanouit sur le sein de son époux et retombe sur le sopha en s'écriant :*) Mon fils! mon fils! (*Elle est évanouie.*)

SAINT-VAL, *hors de lui.* Amélie! ma femme! ô mon Amélie!...

Du secours! du secours! (Il court ouvrir les portes en criant :) Venez tous! du secours! (Aussitôt accourent : Félix le premier, puis Joséphine et les femmes de chambre, puis Christophe et M. de Clairville.)

SCÈNE XIII.

LES PRÉCÉDENTS, FÉLIX, M. DE CLAIRVILLE, JOSÉPHINE, CHRISTOPHE, FEMMES DE CHAMBRE.

FÉLIX, courant le premier à sa mère. Maman! maman!

SAINT-VAL, aux femmes. Secourez-la!

JOSÉPHINE. Des sels! un flacon!.. (Les femmes entourent Amélie et lui font respirer des sels.)

DE CLAIRVILLE, entrant. Ma fille!... oh! sauvez-la!

JOSÉPHINE. Silence!... elle reprend connaissance. (Tout le monde s'arrête et se tait; Amélie revient graduellement à elle : pendant ce temps, Saint-Val prend Félix par la main, l'attire doucement vers lui, le regarde, puis l'entoure de ses bras, le presse sur son cœur, et baise son front sans discontinuer. Tout le monde le regarde avec surprise. Amélie, qui a repris ses sens, cherche Saint-Val des yeux, voit son fils dans ses bras et veut se lever; mais elle retombe assise. Aussitôt Félix, quittant les bras de Saint-Val, retourne à sa mère.)

FÉLIX. C'est ton mari... pourquoi m'embrasse-t-il?

AMÉLIE. Je te le dirai. (Elle tient son fils sur son sein, et tend la main à Saint-Val.) Mon père! je suis la plus heureuse des femmes.

FIN.

En vente chez MICHEL LÉVY FRÈRES, Libraires-Éditeurs.

MUSÉE LITTÉRAIRE DU SIÈCLE

CHOIX DES MEILLEURS OUVRAGES MODERNES

20 centimes la livraison composée de 24 pages.

EN VENTE, OUVRAGES COMPLETS:

ALEXANDRE DUMAS.

s Trois Mousquetaires. . . 1 vol. 1 50
ıgt ans après. . . . . . . — 2 »
Vicomte de Bragelonne. . — 4 50
Comte de Monte-Cristo. . — 3 60
Chevalier de Maison-Rouge. — 1 10
Reine Margot. . . . . . — 1 50
canio. . . . . — 1 30
Dame de Monsoreau . . — 2 20
aaury. . . . . — » 90
s Frères Corses. . . . . — » 50
s Quarante-Cinq. . . . . — 2 20
s Deux Diane. . . . . . . — 2 »
Maître d'Armes. . . . . . — » 90
Bâtard de Mauléon. . . . — 1 80
Guerre des Femmes . . . — 1 50
émoires d'un Médecin. —
Joseph Balsamo. . . . . . — 3 60
eorges. . . . . — » 90
ne fille du Régent. . . . . — 1 10
npressions de voyage (Suisse) — 2 »
Midi de la France. . . . . — 1 10
Une Année à Florence. . . — » 90
Le Corricolo. . . . . — 1 50
La Villa Palmieri. . . . . . — » 90
Le Spéronare. . . . . . — 1 30
Le Capitaine Aréna. . . . — » 90
Les Bords du Rhin. . . . — 1 10
Quinze jours au Sinaï. . — » 90
écile. . . . . — » 70
ylvandire. . . . . — » 90
ernande. . . . . — » 90
e Chevalier d'Harmental. . — 1 30
sabel de Bavière. . . . . . — 1 10
ıcté. . . . . — » 70
Gaule et France. . . . . . — » 70
Le Collier de la Reine. . . . — 2 20
La Tulipe noire. . . . . . . — » 70
La Colombe. — Murat. . . . — » 50
Ange Pitou. . . . . — 1 80
Pascal Bruno. . . . . — » 50
Othon l'Archer. . . . . . . — » 50
Pauline. . . . . — » 50
Souvenirs d'Antony. . . . . — » 70
Nouvelles. . . . . — » 50
Le capitaine Paul. . . . . . — » 50

ALBÉRIC SECOND.

La Jeunesse dorée. . . . . . — » 50

LÉON GOZLAN.

Les Nuits du Père Lachaise. — 1 10
Le Médecin du Pecq. . . . . — 1 30

ÉLIE BERTHET.

Antonia. . . . . — »

A. DE LAMARTINE.

Graziella. . . . . 1 vol. » 60
L'Enfance. . . . . — » 50
La Jeunesse. . . . . — » 60
Geneviève, hist. d'une servante — » 70
La Vie de Famille. . . . . . — » 50
Régina. . . . . — » 50
Histoire et Poésie. . . . . . — » 50

FRÉDÉRIC SOULIÉ.

Le Veau d'Or. . . . . — 2 40
Le Lion amoureux. . . . . . — » 30
Les Mémoires du Diable. . . — 2 »
Confession générale . . . . — 1 50
Les deux Cadavres . . . . . — » 90
Les quatre Sœurs . . . . . . — » 70

MÉRY.

Le Bonheur d'un Millionnaire. — » 50
Un Acte de Désespoir. . . . — » 50
Le Château d'Udolphe. . . — » 50
Les Nuits italiennes. . . . . — » 90
Les Nuits anglaises. . . . . — » 90
Héva. . . . . — » 50
La Floride. . . . . — » 70
La Guerre de Nizam. . . . . — 1 »

MADAME DE GIRARDIN.

Marguerite ou deux Amours. — » 90

THÉOPHILE GAUTIER.

Constantinople. . . . . . . — 1 30

HENRI MURGER.

Scène de la Vie de Bohême . — 1 50
Le Souper des Funérailles. . — » 50
Le Bonhomme Jadis. . . . . . — » 30
Les Amours d'Olivier. . . . . — » 30
Madame Olympe. . . . . — » 50
Le Manchon de Francine . . — » 30
La Maîtresse aux mains rouges — » 30

CHAMPFLEURY.

Les Grands Hommes du ruisseau — » 60

CHARLES DE BERNARD.

L'Innocence d'un Forçat. . . — » 50
Une Aventure de Magistrat. — » 30
Le Gendre . . . . — » 50
La Cinquantaine. . . . . . . — » 50
La Femme de 40 ans. . . . . — » 30
Un acte de Vertu et la Peine du Talion. . . . . — » 50
L'Anneau d'argent. . . . . . — » 30

LOUIS DESNOYERS.

Aventures de Robert-Robert. — 1 30

FÉLIX DERIÉGE.

Les Mystères de Rome . . . . 1 vol. 1 75

EUGÈNE SUE.

Les Sept Péchés capitaux. . 1 vol. 5 »

Chaque ouvrage se vend séparément.

L'Orgueil. . . . . — 1 50
L'Envie. . . . . — » 90
La Colère. . . . . — » 70
La Luxure. . . . . — » 70
La Paresse. . . . . — » 50
L'Avarice. . . . . — » 50
La Gourmandise. . . . . . — » 50
Les Enfants de l'Amour. . . — » 90
La Bonne Aventure. . . . . — 1 50
L'Institutrice . . . . — » 90
Gilbert et Gilberte . . . . . — 3 »
Le Diable médecin . . . . . — 2 70

Chaque ouvrage se vend séparément.

La Femme séparée de corps et de biens. . . . . — » 90
La Grande Dame. . . . . . — » 50
La Lorette . . . . — » 30
La Femme de lettres . . . — » 90
La belle Fille . . . . — » 50
Les Mémoires d'un mari. . . — 1 50

ALEX. DUMAS fils.

La Dame aux Camélias. . . . — 1 30
Le Prix des Pigeons . . . . . — » 50
Césarine. . . . . — » 50
Un paquet de Lettres . . . . — » 50

JULES SANDEAU.

Sacs et Parchemins. . . . . . — » 90

PAUL FÉVAL.

Le Fils du Diable. . . . . . — 3
Les Amours de Paris. . . . . — 1
Les Mystères de Londres. . . — 3

X. B. SAINTINE.

Une Maîtresse de Louis XIII. — 1 50

ALPHONSE KARR.

Sous les Tilleuls. . . . . . . — » 90
Fort en Thème. . . . . — » 70
La Pénélope Normande. . . . — » 90

EUGÈNE SCRIBE.

Carlo Broschi. . . . . — » 50
La Maîtresse anonyme . . . . — » 30
Judith ou la Loge d'Opéra. . — » 30
Proverbes. . . . . — » 70

ÉMILE MARCO DE SAINT-HILAIRE.

Une Veuve de la Grande-Armée. — » 90

En Vente, chez MICHEL LÉVY FRÈRES, Libraires-Éditeurs.

LE THÉATRE CONTEMPORAIN ILLUSTRÉ

CHOIX DES PRINCIPALES PIÈCES JOUÉES SUR LES THÉATRES DE PARIS.

IL PARAIT UNE OU DEUX LIVRAISONS PAR SEMAINE.
Chaque Livraison contient une Pièce. Prix : 20 centimes.

IL PARAIT UNE SÉRIE TOUS LES MOIS.
Chaque Série contient cinq Pièces. Prix : 1 franc.

CHAQUE PIÈCE SERA PUBLIÉE AVEC UN DESSIN REPRÉSENTANT UNE DES PRINCIPALES SCÈNES DE L'OUVRAGE.

PIÈCES EN VENTE :

1re SÉRIE. — PRIX : 1 FRANC.
Le Chiffonnier de Paris 20
La Closerie des Genêts . . . . } 40
Une Tempête dans un verre d'eau }
Le Morne au Diable . . . . . } 40
Pas de fumée sans feu . . . . }

2e SÉRIE. — PRIX : 1 FRANC.
Trois Rois, trois Dames 20
La Marâtre . . . . } 40
La Ferme de Primerose . . . . }
Le Chevalier de Maison-Rouge. } 40
L'Habit vert. . . . . }

3e SÉRIE. — PRIX : 1 FRANC.
Benvenuto Cellini. . . . . . } 40
Frisette . . . . }
Clarisse Harlowe 20
La Reine Margot . . . . . . } 40
Jean le Postillon. . . . . . }

4e SÉRIE. — PRIX : 1 FRANC.
La Foi, l'Espérance et la Charité. } 40
Le Bal du Prisonnier . . . . }
Hamlet. . . . . } 40
Le Lait d'ânesse . . . . . . }
Hortense de Blengie. 20

5e SÉRIE. — PRIX : 1 FRANC.
Le fils du Diable. . . . . . } 40
Une Dent sous Louis XV. . . . }
Le Livre noir. . . . . } 40
Midi à quatorze heures. . . . }
La Petite Fadette. 20

6e SÉRIE. — PRIX : 1 FRANC.
La Vie de Bohême. . . . . . } 40
Graziella. . . . . }
La Chambre rouge. . . . . . } 40
Un Jeune Homme pressé. . . . }
Le Docteur noir. 20

7e SÉRIE. — PRIX : 1 FRANC.
Martin et Bamboche. . . . . } 40
Les deux Sans-Culottes. . . . }
Les Mystères du Carnaval. . . } 40
Croque-Poule. . . . . }
Une Fièvre brûlante. 20

8e SÉRIE. — PRIX : 1 FRANC.
Bataille de Dames. 20
Le Pardon de Bretagne. . . . } 40
La Parjure de Jules Denis. . . }
Paris qui dort. . . . . . . } 40
Paris qui s'éveille. . . . . }

9e SÉRIE. — PRIX : 1 FRANC.
Intrigue et Amour. . . . . . } 40
Marchand de Jouets d'Enfants. . }
Gentil Bernard. . . . . . . } 40
Jobin et Nanette. . . . . . }
Le Collier de Perles. 20

10e SÉRIE. — PRIX : 1 FRANC.
Le Bourgeois de Paris. 20
Contes de la Reine de Navarre. } 40
Qui se dispute s'adore. . . . }
Marie Simon. . . . . } 40
La Famille Poisson. . . . . }

11e SÉRIE. — PRIX : 1 FRANC.
Les Nuits de la Seine. . . . } 40
Un Garçon de chez Véry. . . . }
Un Chapeau de Paille d'Italie. . 20
L'Oncle Tom. . . . . } 40
Chasse au Lion. . . . . . . }

12e SÉRIE. — PRIX : 1 FRANC.
Berthe la Flamande. . . . . } 40
Un Mari qui n'a rien à faire. . }
Le Testament d'un Garçon. . . 20
La Chatte Blanche. . . . . . } 40
L'Amour pris aux cheveux. . . }

13e SÉRIE. — PRIX : 1 FRANC.
Le Courrier de Lyon. . . . . } 40
Par les fenêtres. . . . . . }
Le Roi de Rome. 20
Un Mr qui suit les femmes. . . } 40
La Terre promise. . . . . . }

14e SÉRIE. — PRIX : 1 FRANC.
Les Sept Péchés capitaux . . } 40
La Tête de Martin. . . . . . }
Le Sage et le Fou. 20
Le Muet. . . . . } 40
Un Merlan en bonne fortune. . }

15e SÉRIE. — PRIX : 1 FRANC.
Les Quatre fils Aymon. . . . } 20
Scapin. . . . . }
Un Premier Coup de canif. . . 20
Roquelaure . . . . } 50
Une Nuit orageuse. . . . . . }

16e SÉRIE. — PRIX : 1 FRANC.
La Mendiante. . . . . } 40
La Tonelli. . . . . }
Les Avocats. 20
Marianne. . . . . } 40
Une Charge de cavalerie. . . . }

17e SÉRIE. — PRIX : 1 FRANC.
Les Coulisses de la vie. . . . } 40
Un Ami acharné . . . . }
La Bergère des Alpes . . . . . } 40
Les Paniers de la Comtesse . . }
Marie ou l'inondation. 20

18e SÉRIE. — PRIX : 1 FRANC.
Les Sept Merveilles du Monde } 40
Un Coup de Vent. . . . . . . }
Notre-Dame de Paris. . . . . } 40
Les Lundis de Madame. . . . . }
Le Château des Sept-Tours. . 20

19e SÉRIE. — PRIX : 1 FRANC.
Les Mystères de l'Été. . . . } 40
Voyage autour d'une jolie femme }
Le Cœur et la Dot. . . . . . } 40
Un Ut de Poitrine. . . . . . }
Léonard le Perruquier. 20

20e SÉRIE. — PRIX : 1 FRANC.
Les Sept Merveilles du No 7. } 40
L'Ami François. . . . . . . }
Les Enfers de Paris. . . . . } 40
Atala . . . . }
La Nuit du Vendredi Saint. . . 20

21e SÉRIE. — PRIX : 1 FRANC.
Les Cosaques. . . . . } 40
Un Monsieur qu'on n'attendait pas }
Bertram le Matelot. . . . . . } 40
L'Amour au Daguerréotype. . . }
Irène ou le Magnétisme 20

22e SÉRIE. — PRIX : 1 FRANC.
Les Mystères de Londres. . . } 40
Un Vilain Monsieur. . . . . }
Le Lys dans la Vallée . . . . } 40
Un Homme entre deux Airs . . }
La Forêt de Sénart 20

23e SÉRIE. — PRIX : 1 FRANC.
Catilina. . . . . } 40
Théodore . . . . }
Le Voile de Dentelle . . . . } 40
Les Fureurs de l'Amour . . . }
Les Folies dramatiques 20

24e SÉRIE. — PRIX : 1 FRANC.
La Comtesse de Sennecey. . . } 40
Edgard et sa bonne. . . . . }
Manon Lescaut. . . . . . . } 40
Les Mémoires de Richelieu. . . }
L'Ane mort. 20

25e SÉRIE. — PRIX : 1 FRANC.
Le Vieux Caporal . . . . . . } 40
Diane de Lys et de Camélias . . }
M. Joseph Prudhomme. . . . . } 40
Le Roman d'une Heure . . . . }
Thérèse ou Ange et Diable . . 20

26e SÉRIE. — PRIX : 1 FRANC.
Paris qui pleure, Paris qui rit. } 40
Le Chêne et le Roseau. . . . }
Les Orphelines de Valneige. . . 20
Marie-Rose . . . . } 40
L'Ambigu en habits neufs. . . }

27e SÉRIE. — PRIX : 1 FRANC.
Un Notaire à marier. . . . . } 40
Les Rendez-Vous bourgeois. . . }
L'Honneur de la Maison. . . . } 40
Le Laquais d'Arthur. . . . . }
L'Argent du Diable. 20

28e SÉRIE. — PRIX : 1 FRANC.
La Boisière. . . . . } 40
Quand on attend sa bourse. . . }
Le Ciel et l'Enfer . . . . . } 40
Souvent Femme varie. . . . . }
Gastibelza. 20

29e SÉRIE. — PRIX : 1 FRANC.
Schamyl. . . . . } 40
Deux Femmes en gage. . . . . }
L'Armée d'Orient. . . . . . } 40
Où passerai-je mes soirées?. . }
Les Gaîtés champêtres 20

30e SÉRIE. — PRIX : 1 FRANC.
La Bonne Aventure. . . . . . } 40
En bonne fortune. . . . . . }
Gusman le Brave. . . . . . . } 40
Ce que vivent les roses. . . . }
Les Oiseaux de la Rue. 20

31e SÉRIE. — PRIX : 1 FRANC.
Le Prophète. . . . . } 40
Un Vieux de la Vieille Roche. . }
Echec et Mat. . . . . } 40
Mademoiselle Rose. . . . . . }
Louise de Nanteuil. 20

32e SÉRIE. — PRIX : 1 FRANC.
La Prière des Naufragés. . . . } 40
Un Mari en 150. . . . . . . }
Les 800 Diables. . . . . . . } 40
A Clichy. . . . . }
Harry-le-Diable. 20

33e SÉRIE. — PRIX : 1 FRANC.
Boccace ou le Décaméron. . . . } 40
Cerisette en prison. . . . . . }
La Vie d'une Comédienne. . . . } 40
Le Manteau de Joseph. . . . . }
Le chevalier d'Essonne. 20

34e SÉRIE. — PRIX : 1 FRANC.
Georges et Marie. . . . . . . } 40
Sous un bec de gaz. . . . . . }
Les Souvenirs de Jeunesse. . . } 40
York. . . . . }
Lully. 20

35e SÉRIE. — PRIX : 1 FRANC.
Marthe et Marie . . . . } 40
Une Femme qui se grise . . . }
L'Enfant de l'Amour . . . . . } 40
Le Sourd . . . . }
Le Marbrier. 20

36e SÉRIE. — PRIX : 1 FRANC.
Les Oiseaux de Proie . . . . . } 40
Un Feu de cheminée . . . . . }
La Croix de Marie . . . . . . } 40
Le Chevalier coquet . . . . . }
Hortense de Cerny 20

37e SÉRIE. — PRIX : 1 FRANC.
Paris. . . . . } 40
La mort du Pêcheur . . . . . }
Un mauvais Riche. . . . . . . } 40
Dans les vignes. . . . . . . }
Le Gant et l'Eventail. 20

38e SÉRIE. — PRIX : 1 FRANC.
L'Histoire de Paris. . . . . . } 40
Pygmalion. . . . . }
Salvator Rosa. . . . . } 40
Un Cœur qui parle . . . . . . }
Le Vicaire de Wakefield. . . . 20

39e SÉRIE. — PRIX : 1 FRANC.
Les grands Siècles . . . . . . } 40
Le Devin du Village. . . . . . }
Le Donjon de Vincennes. . . . } 40
Les jolis Chasseurs. . . . . . }
Le Théâtre des Zouaves. 20

40e SÉRIE. — PRIX : 1 FRANC.
Le Moulin de l'Ermitage . . . . } 40
Les derniers Adieux . . . . . . }
Le Gâteau des Reines. . . . . . } 40
Une pleine eau . . . . }
Aimer et mourir 20

41e SÉRIE. — PRIX : 1 FRANC.
Le sergent Frédéric . . . . . . } 40
Le Duel de mon Oncle . . . . . }
La Florentine. . . . . } 40
Jeanne Mathieu. . . . . }
Le Songe d'une nuit d'hiver . . 20

42e SÉRIE. — PRIX : 1 FRANC.
Les Noces vénitiennes. . . . . } 40
L'Héritage de ma Tante . . . . }
Le Sire de Framboisy. . . . . . } 40
L'Homme sans Ennemis . . . . . }
La Chasse au Roman 20

43e SÉRIE. — PRIX : 1 FRANC.
Le Paradis perdu . . . . } 40
En manches de chemise . . . . }
Les Maréchaux de l'Empire . . } 40
Elodie. . . . . }
Lucie Didier 20

44e SÉRIE. — PRIX : 1 FRANC.
Le Masque de poix. . . . . . . } 40
L'Amour et son train. . . . . . }
Jocelyn le garde-côte. . . . . . } 40
Le Bal d'Auvergnats. . . . . . }
Le Démon du Foyer 20

45e SÉRIE. — PRIX : 1 FRANC.
Aventures de Mandrin. . . . . } 40
Dieu merci, le couvert est mis. }
L'Oiseau de Paradis. . . . . . } 40
Si j'étais riche. . . . . }
Donnez aux pauvres 20

46e SÉRIE. — PRIX : 1 FRANC.
Le Médecin des enfants . . . . } 40
Médée . . . . }
Le Pendu . . . . } 40
Mon Isménie. . . . . }
Les Fanfarons de vice 20

47e SÉRIE. — PRIX : 1 FRANC.
Marie Stuart en Écosse. . . . . } 40
Les Bâtons dans les roues. . . }
Le Fils de la Nuit. . . . . . . } 40
Les 7 Femmes de Barbe-Bleue. }
Un Roi malgré lui. 20

48e SÉRIE. — PRIX : 1 FRANC.
Les Zouaves. . . . . } 40
Le Jour du Frotteur . . . . . . }
Le Marin de la garde . . . . . } 40
Sous les Pampres . . . . }
Un Voyage sentimental 20

49e SÉRIE. — PRIX : 1 FRANC.
Les Pauvres de Paris . . . . . } 40
As-tu tué le mandarin?. . . . . }
Les Parisiens. . . . . } 40
Schahabaham II. . . . . }
Les Piéges dorés. 20

50e SÉRIE. — PRIX : 1 FRANC.
Jane Grey. . . . . } 40
La Bonne d'enfant . . . . }
L'Avocat des Pauvres. . . . . . } 40
Les Suites d'un premier lit. . . }
Les Toilettes tapageuses 20

51e SÉRIE. — PRIX : 1 FRANC.
Fualdès . . . . }
Grassot embêté par Ravel . . . }
Cléopâtre. . . . . }
Les Toquades de Borromée . . }
Rose et Marguerite. . . . . . .

52e SÉRIE. — PRIX : 1 FRANC.
Jérusalem. . . . . }
Les Cheveux de ma femme. . . }
Le Secret des Cavaliers . . . . }
Six Demoiselles à marier. . . . }
Le docteur Chiendent. . . . . .

53e SÉRIE. — PRIX : 1 FRANC.
La Reine Topaze. . . . . }
Le 66. . . . . }
Le Château des Ambrières . . . }
Roméo et Mariette. . . . . . . }
L'échelle de Femmes. . . . . .

54e SÉRIE. — PRIX : 1 FRANC.
La fausse Adultère. . . . . . . }
Madame est de retour . . . . . }
La Route de Brest . . . . }
Le Secret de l'oncle Vincent. . }
Croquefer . . . .

55e SÉRIE. — PRIX : 1 FRANC.
Les Gens de théâtre . . . . . . }
Une Panthère de Java. . . . . . }
Les Orphelins du pont N.-Dame. }
Le Jour de la Blanchisseuse. . }
Le Fils de l'Aveugle . . . . . .

56e SÉRIE. — PRIX : 1 FRANC.
Les Orphelines de la Charité. . }
La Rose de Saint-Flour. . . . . }
Le Pressoir . . . . }
Fais la cour à ma femme. . . . }
Les Lanciers . . . .

57e SÉRIE. — PRIX : 1 FRANC.
Jean de Paris. . . . . }
Un Chapeau qui s'envole. . . . }
La belle Gabrielle. . . . . . . }
Zerbine . . . . }
Les Princesses de la rampe. . .

58e SÉRIE. — PRIX : 1 FRANC.
L'Aveugle. . . . . }
Un fameux Numéro. . . . . . . }
Les deux Faubouriens. . . . . . }
Polka et Bamboche . . . . . . }
Dalila et Samson . . . .

59e SÉRIE. — PRIX : 1 FRANC.
Michel Cervantes . . . . }
L'Opéra aux fenêtres . . . . . }
André Gérard. . . . . }
Une Soubrette de qualité . . . . }
Le Prix d'un Bouquet. . . . . .

60e SÉRIE. — PRIX : 1 FR.
Les Chevaliers du brouillard.. . }
Le Roi boit. . . . . }
L'Amiral de l'escadre bleue. . . }
Vent du soir. . . . . }
Romée et Juliette. . . . .

61e SÉRIE. — PRIX : 1 FR.
Si j'étais roi. . . . . }
La Dame aux jambes d'azur. . . }
Les Viveurs de Paris. . . . . . }
La Médée de Nanterre. . . . . . }
On demande un gouverneur. . .

62e SÉRIE. — PRIX : 1 FR.
La Bête du bon Dieu. . . . . .
Brin d'amour. . . . .
William Shakspeare. . . . . . .
Une minute trop tard. . . . . .
Le Télégraphe électrique. . . .

63e SÉRIE. — PRIX : 1 FR.
La Filleule du chansonnier. . .
Pénicault le somnambule. . .
La Comtesse de Novailles. . .
Avez-vous besoin d'argent. . .
Un Enfant du siècle. . . . . .

64e SÉRIE. — PRIX : 1 FR.
Les Filles de marbre. . . . . .
Le Cousin du roi. . . . .
Les Noces de Bouchencœur. . .
Les Jeux innocents. . . . . .
L'Anneau de fer. . . . .

Lagny. — Typographie de A. Varigault et Cie.

www.ingramcontent.com/pod-product-compliance
Lightning Source LLC
LaVergne TN
LVHW010254230826
846091LV00007B/2966
9782329078847